一見、複雑に思える税務処理を
システマティックに理解する本

法人契約の 生命保険で 失敗しないための ポイント

税理士・行政書士・CFP®認定者

坂野上 満 著

Mitsuru Sakanoue

一般財団法人
大蔵財務協会

　私は税理士になって四半世紀余りが経ちますが、独立開業当時にはいろいろと悩むことがありました。当時32歳だった私のお客様は片手で足りるかどうかというほど少ない中、銀行から借りた開業資金は毎月返済していかなければならないため、本当にやっていくことができるのかということでした。

　営業ノウハウがあるわけでもなく、簡単にお客様が増えることは期待できないので、せめて今お客様でいてくれる方々のために知識を仕入れ、経験値を伸ばしていかなければ、と思って日々過ごしていました。

　その中でまた一つ、困ったことが発生します。税理士として勤務していた頃にもやっていたのですが、独立して自分ですべてやらなければならなくなった時、どうしても分からない分野のことが出てきたのです。それが生命保険に関する税務でした。

　当時、社長に万が一のことがあった場合の保障と節税を兼ねて生命保険がしばしば使われていました。私もいくつかの生命保険会社の代理店をやっていましたから、お客様にすすめる立場だったのですが、仕組みや理屈が分からなかったのです。

　こういった困りごとに対処すべく、東京方面に出張した時などは、必ず大きな書店に立ち寄って実にたくさんの生命保険関係の書籍を買いあさりました。これだけ勉強したのだから、保険のことは何でも分かるようになるだろう、と思っていたのですが、期待はあっさりと裏切られ、生命保険の理解にはほとんど役に立ちませんでした。

　そして、代理店の仕事としてお客様に生命保険を提案していく中で、また生命保険会社の担当者との打ち合わせを重ねていくうちに、生命保険というものの仕組みを理解することができるようになっていったので

す。

　生命保険の一般課程（保険代理店になるための資格試験の一つ）の勉強と実務を少しだけやっていたとはいえ、その状態で通達や書籍を読んでも何が書かれているかさっぱり分かりません。今にして思えば、生命保険を理解するためには分かっている人に聞くことが一番早道だったような気がします。

　そこで今回は、法人の生命保険の仕組みと処理について理解への早道となるべく、本書を書き上げました。

　また、生命保険という切り口から、企業会計や法人税をはじめとする主要な税目の根幹的な部分、そして保険料を支払うことが難しくなった場合の切り抜け方や社長の逝去に伴い会社を清算する場合のテクニックを取り入れました。

　できるだけ平易な表現に努めましたので、本書が皆さんの理解に役立つことができれば幸甚です。

　　令和 6 年如月

　　　　　　　　　　　　　　　　　　　　　　　坂野上　　満

▍目　次▍

はじめに

第1章　生命保険って何？

第2章　法人税、相続税、所得税のあらまし

第3章　生命保険契約の区分

第1章

生命保険って何？

1 民間保険における生命保険の位置づけ

　我が国において民間保険として認可されているものは、生命保険（第一分野）、損害保険（第二分野）及びその他の保険（第三分野）の3つに大別されます。

１ 生命保険

　人の生存又は死亡に関してあらかじめ約定された金額を支払う保険のことで、生命保険会社のみが引き受けることができます。具体的には、「終身保険」「定期保険」「養老保険」「個人年金保険」などが挙げられます。

２ 損害保険

　一定の偶発的な事故によって生じた損害額に応じて保険金を支払う保険のことで、損害保険会社のみが引き受けることができます。具体的には、「火災保険」「自動車保険」「傷害保険」「賠償責任保険」などが挙げられます。

３ その他の保険

　生命保険、損害保険のいずれにもあてはまらない保険のことをいい、生命保険会社、損害保険会社の双方で取り扱うことができます。具体的には、「医療保険」「がん保険」「介護保険」「傷害保険」などが挙げられます。

2　生命保険の税務会計処理に神経を使う理由

　前記のように、民間保険は大きく3つに区分されるのですが、いずれも法人が契約者となることが可能です。これらのうち、生命保険に関する税務会計処理には神経を使います。その理由は次の3つです。

1　契約者や保険金受取人が誰になっているかによって処理が異なるため

　法人の口座から引き落とされている保険料や入金された保険金については、**契約者や保険金受取人が誰となっている契約なのかによって処理の仕方や課税上の取り扱いが違ってきます。**これらの処理を間違えると、法人のみならず保険金受取人の税務にも大きな影響が及ぶことがあります。

2　加入当初の処理を誤ると金額的に大きな誤りとなってしまうため

　生命保険が損害保険などと大きく異なるのはこの部分です。損害保険は大半が保険期間1年なのに対し、生命保険は10年を超えるものが多く、中には50年にも及ぶものがあります。

　保険期間が長いということは、加入当初、誤って処理してしまった場合、誤りに気付いた時には既に長期間が経過してしまっており、修正額が膨大なものとなってしまうことがあるということです。

　保険期間が1～5年程度であれば、遅くとも保険期間の満了時に誤りに気が付きますから、傷口が大きくなることは比較的少ないのかもしれませんが、本来、全額資産計上すべき生命保険料を全額経費として処

理していたことが加入後 15 年目くらいに判明したとなると、目も当てられませんね。

❸ 法人の生命保険税務は法人税法に記載がないため

　法人税法の基礎をおさらいしてみましょう。ある支出が損金算入であるか損金不算入であるかについて、法人税法のどこを見て判断すればいいでしょうか？

　生命保険料に限らず、これを判断するためには、まず、損金の原則規定から見ることになるのですが、法人税法第 22 条第 3 項がそれに当たります。

参考

法人税法第 22 条第 3 項

　3　内国法人の各事業年度の所得の金額の計算上当該事業年度の損金の額に算入すべき金額は、<u>別段の定めがあるものを除き</u>、次に掲げる額とする。
　一　当該事業年度の収益に係る売上原価、完成工事原価その他これらに準ずる原価の額
　二　前号に掲げるもののほか、当該事業年度の販売費、一般管理費その他の費用（償却費以外の費用で当該事業年度終了の日までに債務の確定しないものを除く。）の額
　三　当該事業年度の損失の額で資本等取引以外の取引に係るもの
　（※）下線は筆者による

　ここでは、1．当該事業年度の収益に係る売上原価などの原価の額と、2．当該事業年度の販売費及び一般管理費などの費用の額と、3．当該事業年度の資本等取引以外の取引に係る損失の額の 3 つが損金であると

規定されています。

　つまり、法人税や所得税といった「もうけの一部」を国に納めさせるという税目においては、いわゆる粗利から期間経費を差し引いたものを課税標準とすることになっているため、その事業年度で債権などの権利が確定した収益（その事業年度の益金）から、それと個別的な対応関係にある支出の額（つまり、原価）を損金として差し引くことで粗利を計算し、さらにそこからその事業年度の収益と発生期間を一にする経費及び損失を損金として差し引いたものを課税標準とする、といっているのです。

　なお、これらの収益や原価、費用、損失の額は株主の承認を得て確定した決算に基づいて計算することになっています（確定決算主義といいます）。

　とはいっても、損金というのは課税標準を小さくする効果があるため、確定決算において計上されたものを何から何まで損金として認めてしまうと法人税を納める人がいなくなってしまいますから、課税の公平の見地から損金には実に多くの「別段の定め」が設けられており、制限がかけられているのです。

　皆さんも法人税の手引書などをご覧になることがあると思いますが、この手引書のうち8割くらいは法人税の計算ルールに関する内容です。その法人税の計算ルールのうち、ほとんどが損金に関する「別段の定め」について書かれているといっても過言ではないと思います。減価償却しかり、引当金しかり、役員給与しかり……。

　法人税の損金に算入されるかどうかということについては、上記の通り、原則⇒別段の定め⇒施行令、施行規則などの下位規定の順で調べていくのですが、生命保険料の取り扱いについては、「別段の定め」も「施行令・施行規則の規定」もないのです。では、どこに記載があるのか？法人税基本通達第9章「その他の損金」というところの第3節に記載があるだけなのです。

通達は法令と異なり、国税庁が全国の国税局や税務署に対して「このような取引が出てきたらこう取り扱うこと」ということを定めている、いわば内部文書にすぎません。

　このような性質から、我々国民の代表である国会議員の議決を経ることなく国税当局の裁量で法令の根拠なく施行されていることになり、生命保険料の税務処理はこれに沿って行われているという実態があります。

　このことが生命保険料の税務会計処理を分かりにくくしている要因となっているのではないでしょうか。

参 考

生命保険に関する主な通達

・法人税基本通達 9-3-4　養老保険に係る保険料
・法人税基本通達 9-3-5　定期保険及び第三分野保険に係る保険料
・法人税基本通達 9-3-5 の 2　定期保険等の保険料に相当多額の前払部分の保険料が含まれる場合の取扱い
・法人税基本通達 9-3-6　定期付養老保険等に係る保険料
・法人税基本通達 9-3-6 の 2　特約に係る保険料
・法人税基本通達 9-3-7　保険契約の転換をした場合
・法人税基本通達 9-3-7 の 2　払済保険へ変更した場合
・法人税基本通達 9-3-8　契約者配当

　以下、これらの内容については、それぞれ、関連のある箇所にて紹介します。

3 生命保険の処理を間違いなく行うためには?

　このように加入当初の経理処理を間違えてしまうと、誤りに気付くまでの時間が経てば経つほど修正額が大きくなり会計や税務に及ぼす負の影響が大きくなります。それゆえ、新たに加入した生命保険の保険料の処理の仕方を間違いなく行うことは非常に重要になります。

　この初期段階での誤りを完全に防ぐ方法があります。それは、**契約を引き受けた生命保険会社に経理処理の方法を教えてもらうこと**です。

　これは、これさえしておけば完璧、ともいえる方法です。ですから、新規加入の都度、生命保険会社に経理処理の方法を教えてもらえば生命保険の仕組みなんて分からなくてもいいじゃないか、と思う人もいるでしょう。

　では、次のような場合、生命保険の仕組みを知っているのと知らないのとで、会計処理の精度に影響はないのでしょうか？

設例

会計事務所を移ってこられたお客様の場合

- -

　決算の終了は会計事務所を替えるタイミングとしては最も多いパターンだと思います。あるお客様が前の事務所から当事務所に移ってこられ、前の事務所が作成した決算書と総勘定元帳を見ていました。

　総勘定元帳の「支払保険料」の中に毎月一定額の支払いが出てくることが確認されたのですが、摘要に「〇〇生命　終身保険」と書かれていました。

このような場合に「前の事務所の処理を踏襲して……」と考えていると大変なことになります。詳細は後述しますが、終身保険の保険料は特約部分を除き、全額資産計上です。これが保険料として経費処理されているわけですから、すぐにそれが正しい処理なのかどうかを保険証券などで確認する必要があります。

　しかし、**生命保険の仕組みを知らないとこのことに疑問を持つことすらできず**、後日、税務調査で指摘された場合に大きな痛手となります。前の事務所が誤りの発端となっているのかもしれませんが、「今の会計事務所の責任だ」とされても仕方のないところです。

　やはり、間違いがあったら正さなければならないのですが、この事例の場合、最も正しやすいタイミングは新たに仕事を引き受けたその時でしょう。数年経ってから気づいたので……となるとその分傷口は広がりますし、お客様に今さら感が蔓延し、信用喪失にもつながりかねません。

　こうならないためにも、生命保険の経理処理のことについては神経を使うべきなのですが、生命保険商品は星の数ほどあり、一つ一つ追っていくときりがありません。それこそ、全ての契約について生命保険会社に尋ねて回る……ということになってしまいます。

　そこで、こういった枝葉の部分を追うのではなく、**生命保険の仕組みといった根幹の部分、考え方を押さえておけば応用が利き、新規に生命保険加入されたお客様や事務所を移ってこられたお客様の経理処理に勘が働くようになります。**

　これこそが、生命保険の仕組みをマスターする理由なのです。

4 生命保険とは？

　ここからいよいよ生命保険の内容に入っていくのですが、まず、本書の目的となっている生命保険とは何なのかということから明確にしていきましょう。

契約者と生命保険会社の間で締結され、保険料を生命保険会社に支払うことにより被保険者について生じた保険事故の発生などを原因として保険金受取人に保険金が支払われる契約をいいます。

　生命保険というのは、一言でいうと「商品」だと思っていましたが、「契約」なのですね。契約は一般用語なので分かるのですが、生命保険の定義にもたくさんの専門用語が出てきます（二重線又は波線の部分）。私も独立当時は、この専門用語の理解に苦しめられました。そこで、これらの専門用語について一つ一つ明確にしていきたいと思います。

（1）**契約者**……生命保険会社と保険契約を結び契約上の一切の権利（契約に関する締結や変更、解約等の請求権など）と義務（保険料支払い義務など）を持つ人のこと

（2）**被保険者**……その人の生死、災害及び疾病に関して生命保険の対象となっている人のこと。この人について保険事故があった場合、保険金が支払われる

（3）**保険金受取人**……契約者から保険金の受取を指定された人のこと

（4）**保険料**……契約者が生命保険会社に払い込むお金のこと

（5）**保険金**……被保険者の死亡、高度傷害、満期などのときに生命保

険会社から保険金受取人に支払われるお金のこと

（※）「保険料」は契約者が保険会社に支払うお金であるのに対し、「保険金」は
保険会社から保険金受取人に支払われるお金です。混同しないようにしま
しょう。

　ここで気を付けたいことは、被保険者に保険事故が発生したら**保険金
は保険金受取人に支払われます**が、生命保険契約を解約して解約返戻金
がある場合には、**解約返戻金は契約者に支払われる**ということです。
　これは、契約者はその契約に関する基本的な権利を有していますので、
解約返戻金の受給権も契約者に属するということに起因します。
　なお、生命保険の契約から保険事故が発生し、保険金が支払われるま
での一般的な流れはおおむね次の通りです。

（保険契約）

↓

契約者から生命保険会社に保険料が支払われる

↓

保険料を収受した生命保険会社は、もしもの場合に備え、
支払わなければならなくなる一定の金額を生命保険会社内に残し
（この金額を「**責任準備金**」といいます）、
それ以外の部分を運用に回す

↓

この契約者から支払われた保険料には毎年配当が行われ、
保険利息とともに生命保険会社内に留保される

↓

（保険事故発生）

↓

責任準備金を取り崩し、保険金受取人に保険金が支払われる

5 生命保険の配当金って何？ 保険利息って何？

■ 保険料はどうやって決めているのか？

(1) 競馬や競輪の配当ってどうやって決まるの？

　競馬や競輪、競艇などをやったことのある方はご存知かもしれませんが、これらのギャンブルは100円単位で発売されている投票券（いわゆる馬券や舟券）を買って、予想が的中すれば●●倍のお金が配当されるというものです。

　例えば、単勝（1着を当てる）230円という配当がついた場合、100円が230円となるわけですから、2.3倍ということになります。

　これらの投票券の倍率はどのように決められているのでしょうか？実は、これらの倍率の決め方は生命保険の保険料の決め方と非常によく似ているのです。

　例を挙げて説明しましょう。競馬でA、B、C、D、Eという5頭の馬が競走するとします。実際の競馬ではいろんな買い方があるのですが、ここでは分かりやすくするため、単勝だけを考えます。

　このレースにおいて、Aが勝つという投票券が10,000票（100万円）、Bが勝つという投票券が50,000票（500万円）、Cが勝つという投票券が1,000票（10万円）、Dが勝つという投票券が30,000票（300万円）、Eが勝つという投票券が80,000票（800万円）それぞれ売れたとします。すると、投票券の投票総数は171,000票、発売総額は1,710万円となります。

　この発売総額のうち、約25%は主催者の収益（開催経費などに充てる）となりますから、配当に回る金額は1,710万円×（100% − 25%）＝1,282.5万円となります。

それぞれの馬が勝った場合に投票金額が何倍になるかを投票数比例配分で計算すると、A は 1,282.5 万円 ÷ 10,000 票 ＝ 1,282.5 円（12.8 倍）、B は 1,282.5 万円 ÷ 50,000 票 ＝ 256.5 円（2.5 倍）、C は 1,282.5 万円 ÷ 1,000 票 ＝ 12,825 円（128.2 倍の万馬券）、D は 1,282.5 万円 ÷ 30,000 票 ＝ 427.5 円（4.2 倍）、E は 1,282.5 万円 ÷ 80,000 票 ＝ 160.3 円（1.6 倍）となります。

　つまり、これらの配当倍率はまず、配当金総額を求め、配当対象となったもの（この場合、当たり馬券）の数量で割って求めるということになるのです。

（2）生命保険料の保険料ってどうやって決められているの？

① 大数の法則

　サイコロ 1 個を何度か振り、その出た目を記録していくとします。この場合、1 から 6 のそれぞれの目が出る確率は、最初の 6 回振った時点では偏りが出ることが多々あるものの、回数を増やしていくにつれ、その確率は限りなく 6 分の 1 に近づいていくことが知られています。これを「大数の法則」といいます。

　生命保険においても、この大数の法則を保険料算定に利用しており、例えば、現在 30 歳の人のうち、1 年後に亡くなる人数、2 年後に亡くなる人数……というのはデータで明らかになっています。

　すなわち、正常な状態では、それぞれの年齢において〇年後に亡くなる人の数は分かっているのです（誰が亡くなるのかは分かりません）。

② 配当対象数を予測する

　先ほどの馬券の例では、「1 着の馬を当てた投票券を買った人」が配当の対象となり、それぞれの配当倍率が計算されました。生命保険において保険金の支払の対象となるのは「被保険者が亡くなった場合の保険金受取人」です。

　これは今述べた通り、年齢別に〇年後に亡くなるのは何人くらいということが大体分かっていますから、ここから**予定死亡率を決定**します。その上で、契約保険金額100万円につき、拠出してもらわなければならない**保険金に充てられる部分の金額**はいくら、ということは逆算で求めることができます。

　この部分は馬券の例で出てきた「配当金総額」に該当します。

③ 契約に関してかかる費用を予測する

　生命保険会社が生命保険契約を締結した場合、その契約にかかった人件費や保険証券発行のための費用などの変動費に会社全体の運営費や間接部門の人件費、減価償却費などの固定費の配賦額を加えた、**契約に関してかかる費用の金額**を予測し、**予定事業費率を決定**します。

　この部分は馬券の例で出てきた「主催者の収益」に該当します。

④ 契約から保険事故発生までに生命保険会社が受け取った保険料の運用益を予測する

　契約者から支払われた保険料は直ちに保険金に充てられることは極めて少なく、通常は、収受した保険料をストックしておくことになります。このストックしたお金は、一定部分を運用（株や債券などの他、〇〇生命ビルなどとしてテナントに貸しているというのはよく目にするでしょう）して増やすよう努めます。

　こうした**運用から得られる利益の金額**は、「保険料に充てられる部分の金額」や「契約に関してかかる費用の金額」とは異なり、保険料を安くする方向に作用するのですが、この金額を予測し、**予定利率を決定**します。

　なお、この部分は馬券にはないため、出てきません。

⑤ まとめ

　これまで述べた通り、生命保険の保険料（総額）は**「保険金に充てられる部分の金額＋契約に関してかかる費用の金額―運用から得**

られる利益の金額」で求められるのです。

② 生命保険の配当金は保険料の年末調整還付金？？

（1）保険料に盛り込んだそれぞれの見込み額

　上記で述べた「保険金に充てられる部分の金額」「契約に関してかかる費用の金額」「運用から得られる利益の金額」については、保険料を設定する段階ではあくまで見込み額ですから、見込みが甘いと保険料が安くなりすぎて赤字になってしまいます。

　この赤字の金額を後から契約者に「足りなかった分をください」とお願いするわけにはいきませんから、これらの見込み額はある程度の余裕があるものにしておきます。

（2）実際にかかったそれぞれの確定額と支払われた保険料の差額

　保険料の算定の基礎となる「保険金に充てられる部分の金額」「契約に関してかかる費用の金額」「運用から得られる利益の金額」と実際にかかったそれぞれの金額との間には当然に差が出ます。

　「保険金に充てられる金額」が実際には少なくて済んだ場合、その差額のことを、**「死差益」**と呼びます。また、「契約に関してかかる費用の金額」が少なくて済んだ場合の差額は**「費差益」**、「運用から得られる利益の金額」が多かった場合、その差額を**「利差益」**と呼びます。

　これら3つの差益の合計額は、その生命保険契約における保険料の実額を上回る金額（多く支払われた保険料）となりますから、その上回る部分の金額を契約者に返還するのです。これを**保険配当**といいます。

　これはちょうど、給与所得の月々の源泉徴収税額を（生命保険料控除や住宅ローン控除などを考慮しない）高めの金額に設定しておき、年末調整で還付するのと似ています。

　こういった仕組みから、保険配当は一般企業の配当というよりは、

保険料の戻しという性格を帯びていますから、こういった入金があった場合、**貸方を保険料とするか、雑収入（消費税は課税対象外）として処理**します。

　なお、「配当」と名がついているものの、実態は既に支払っている保険料の一部返還であるため、源泉所得税は課されません。

【仕訳例】
　（借）現預金　1,000　　（貸）保険料　1,000
　又は
　（借）現預金　1,000　　（貸）雑収入（課税対象外）　1,000

3　保険利息って何？

　保険配当は、毎年発生した金額を契約者に返還すべきものです。共済などの配当金については、毎年決まった時期に入金があると思います。

　しかし、一般の生命保険会社では返還する金額を契約者に支払わず、社内にストックしておくことがあります。

　この**ストックした金額に付されるのが保険利息**です。これ自体も社内にストックされます。これらのストックされた金額は、満期、解約又は保険事故発生時に返戻金や保険金とともに支払われるのですが、毎年決算時に「保険配当・保険利息のお知らせ」が届いた場合には、**借方を「保険積立金」などとし、貸方を「雑収入（消費税は保険配当金の部分については、課税対象外、保険利息の部分については非課税）として処理し**ます。

　なお、保険利息は利息なのですが、源泉所得税は課されません。

【仕訳例】

〜保険配当について

（借）保険積立金　1,000　（貸）雑収入（課税対象外）　1,000

〜保険利息について

（借）保険積立金　10　　（貸）雑収入（非課税）　10

通 達 で取り扱いを確認！

（契約者配当）

　９−３−８　法人が生命保険契約（適格退職年金契約に係るものを含む。）に基づいて支払を受ける契約者配当の額については、その通知（据置配当については、その積立てをした旨の通知）を受けた日の属する事業年度の益金の額に算入するのであるが、当該生命保険契約が９−３−４の (1) に定める場合に該当する場合（９−３−６の (2) により９−３−４の (1) の例による場合を含む。）には、当該契約者配当の額を資産に計上している保険料の額から控除することができるものとする。

（注）1　契約者配当の額をもっていわゆる増加保険に係る保険料の額に充当することになっている場合には、その保険料の額については、９−３−４から９−３−６までに定めるところによる。

　　　2　据置配当又は未収の契約者配当の額に付される利子の額については、その通知のあった日の属する事業年度の益金の額に算入するのであるから留意する。

　（※）本文中の下線は筆者による。この方法によると、この部分の益金算入を保険事故の発生・満期・解約時にまで繰り延べることができる。

6 申し込みから契約までの主な流れ

■1 申込書の提出

　生命保険契約の申込書を生命保険会社に提出します。この時点ではまだ契約は成立していないため、被保険者（候補者）に保険事故が起こっても保険金は出ません。

■2 告知

　被保険者の健康状態を生命保険会社に申告することを「告知」といいます。生命保険契約において、申込者全員に被保険者の**告知義務**があります。

　この告知には告知書を提出することになります。告知書の提出だけでOKの場合は、「告知書扱い」といいます。

　これに対し、生命保険会社が契約を締結するかどうかの判断の際、被保険者の健康状態をより詳しく知る必要があるとされた場合、健康診断書の提出や医師の診断などを求められることもあります（診査扱い）。

　この告知内容に虚偽が認められた場合、保険事故が起きても保険金が支払われないこともあるため、非常に重要な事項となります。

■3 審査

　申込書の提出及び告知の後、生命保険会社がその契約を引き受けるかどうかの審査に入ります。この審査の主なポイントは被保険者の「健康状態」「職業」「道徳的観点」の３つです。

(1) 健康状態

　治療中の病気の有無や病歴、肥満度、喫煙者か否かなどがチェックされ、年齢が高くなればなるほど、保険金額が大きくなればなるほど細かく、厳しくなります。死亡の可能性が他の同年齢の人に比べて一定程度以上高いと判断された場合には、割増保険料で引き受けるか、契約不可とされるかのいずれかとなります。

(2) 職業

　危険な職業に就いている場合には、当然に死亡の可能性が他の同年齢の人に比べて高くなりますから、この点もチェックされます。具体的には、プロレスラー、プロボクサー、スタントマン、サーカス団員、レーサー、登山家の方々などは加入を引き受けてもらえないか、引き受けてもらえても保障内容に制限が付される場合が多いようです。

(3) 道徳的観点

　生命保険の不正利用を防ぐため、契約者、被保険者、保険金受取人のいずれかが反社会的勢力の人となっている場合には加入することができません。

　また、資産や収入の状況に比して保険金額が大きすぎる場合には保険金を目当てとした事件発生につながる場合もあるため、引き受けてもらえないか、保険金額の引き下げとなることがあります。

▣ 第一回保険料充当金の支払い

　申し込んだ生命保険の第一回目となる保険料を支払います。この第一回保険料の支払いは申込時に行われる（振り込みとなることが多い）場合と契約引き受け決定後に指定口座から引き落とす方法があります。

　前者の場合、生命保険会社が契約を引き受けた時に第一回保険料として取り扱われ、契約を引き受けないこととなった場合には返還されます。

5 契約の成立⇒保険証券の発行

　生命保険会社が契約を引き受けることを決定したことをもって契約の
成立となります。この場合、保険証券が発行され、契約者の元に送られ
ます。

参 考

生命保険の申し込みにあたって審査が行われるのはなぜ？

　生命保険は、健康な人が通常の生活をしている状態でそれぞれの
年齢の人が 10 万人当たり何人死亡するか（「危険率」といいます）
というデータに基づいて保険料の算定を行っています。

　このデータはあくまで健康な人が通常の生活をしている状態での
ことですから、健康でない人や生命に及ぶ大きな危険と隣り合わせ
で過ごしている人が被保険者となる契約を何も考えずに引き受けて
しまうと、その生命保険の収支が合わなくなってしまいます。

　そこで、加入申し込みの際には被保険者の健康状態などを申告し
てもらい、必要に応じて医師の診査などを加えて「申し込み時点に
おいて、健康で通常の生活をしている状態の人」だけが加入してい
る正常な状態を保っているのです。

参 考

生命保険契約の効力開始日っていつ？

　生命保険契約は被保険者に保険事故（多くの場合、死亡）が起こっ
たときに保険金が支払われるものであるため、契約の始期以後に発
生したものについて保障されることになります。

　では、新たに加入した生命保険契約の効力って、いつから生じる
のでしょうか？

この生命保険契約の効力開始日のことを**「責任開始日」**といいますが、これは一般に、①告知・診査日と②第一回保険料充当金が支払われた日のいずれか遅い日とされています。

　これらの後に生命保険会社が契約を引き受けるかどうかの決定をするわけですが、最終的に引き受けることになった場合、①と②のうちいずれか遅い日にさかのぼって保障が開始されることになります。

　なお、第一回保険料が契約成立後に指定口座から引き落とされる場合には①の告知・診査日が責任開始日となります。

7 保険金が支払われるまでの仕組み

　不幸にして被保険者に保険事故が起きた場合には、保険金が支払われることになるわけですが、この場合には、加入者が保険金・給付金請求を行い、生命保険会社等の審査を経て保険金が給付されることになります。

1 保険金・給付金請求

　生命保険会社に連絡し、被保険者が死亡したことや入退院したことを伝えるところから始まります。死亡保険金請求書や入院保険などの給付金請求書に必要事項を記人し、これに保険証券や死亡診断書、除籍謄本、入院診断書などの書類を添付して提出します。

　生命保険契約の保険金はあくまで請求によって支払われるものであり、保険事故が起こっただけで自動的に支払われるものではないということに注意が必要です。

　なお、保険金や給付金の請求には時効があり、保険法第95条によると、保険事故の発生から3年とされています。また、かんぽ生命だけは5年という取り扱いとしているようです。

　保険事故の発生や保険契約の存在を契約者や保険金受取人が知らないままこれらの年数を経過した場合には請求漏れとなりますが、場合によっては受け付けてくれることもあるようですから、このような場合であってもあきらめずに連絡・手続きをした方がいいと思います。

2 生命保険会社の審査等

　保険金や給付金の請求があった場合、生命保険会社は支払の是非を判

断する審査に入ります。

　支払事由に該当しない場合（入院や手術の原因が保障対象外）や免責事由（責任開始日から１～３年以内に自殺した場合や故意に死亡させた場合、戦争に起因する場合など）に該当する場合、告知義務違反が認められた場合などには保険金や給付金は支払われません。

　また、加入から間もなく死亡した場合などには自殺かどうかを判定するため、加入している生命保険会社とは関係のない第三者機関が審査することもあります。この場合、審査結果が出るまで保険金の支払いは停止されます。

参考

生命保険契約照会制度について

　ご家族が亡くなられた後、その方が被保険者となっている生命保険について保険金請求を行うことになりますが、どこの生命保険会社と契約していたのか分からないということや、誰も認知していない契約があり、請求漏れとなるのではないかということがあると思います。

　こういった場合には、生命保険契約照会制度を通じて生命保険協会に対し、照会請求を行うことができます。この請求があった場合、生命保険協会は各生命保険会社に請求対象者が被保険者となっている生命保険契約はないかどうかの確認を行い、回答してもらうことができます。

　この制度は対象者一人につき、3,000 円の利用料がかかります。

8 この章のまとめ

❶ 我が国において民間保険として認可されているものは、生命保険（第一分野）、損害保険（第二分野）及びその他の保険（第三分野）の 3 つとなっている

❷ 生命保険の税務処理に神経を使うのは、同じ契約であっても契約者や被保険者、保険金受取人が誰かによって処理が変わり、その処理方法が法令ではなく通達に示されているため。しかも、いったん誤った処理をすると長い契約期間中、ずっと誤りが続くこととなり、税務会計に与えるインパクトが大きい

❸ 生命保険の処理を間違いなく行うためには、契約している生命保険会社に処理方法を確認することが肝要であるが、職業会計人としては、契約の内容からおおよその処理方法を類推すべく勘が働くようにしておきたい

❹ 契約者、被保険者、保険金受取人、保険料、保険金、保険配当、保険利息などといった専門用語については間違いなく押さえておきたい

❺ 申し込み、契約から保険金の支払いまでの流れを押さえておきたい（特に、告知義務と保険金請求）

第2章

法人税、相続税、所得税のあらまし

具体的な生命保険の種類や処理方法に入っていく前に確認しておきたいことがあります。それは、法人税、相続税、所得税とはどんな税金なのかということです。

　本書は法人税の取り扱いがメインではありますが、法人契約の保険金を原資として死亡退職金を支払った場合には相続税が課されます。また、退職金を生命保険契約で現物支給した場合には退職所得として所得税が課されますので、相続税や所得税についても知っておくことによって理解の幅が広がることでしょう。

1　法人税のあらましを理解する

◳ 法人って何？　決算って何？

　まずは、法人のそもそも論からです。

　法人って何のためにあり、どのような存在なのでしょうか？　また、我々会計事務所はお客様の利益を計算し、その利益を元に法人税の申告を行っているわけですが、利益って何でしょうか？

　まずは、法人とは何で、決算とは何なのかというところから見てみたいと思います。

　私は、さまざまなところで法人税や消費税のセミナーを開催させて頂いていますが、その際、法人、そして会計というものを次のように説明しています。

【法人の成り立ちと会計】

① 東インド会社の設立

　私は中学校の歴史の授業で世界初の株式会社はオランダの東インド会社だと習いました。この会社の設立は 1602 年です。徳川家康が征夷大将軍となり江戸幕府を開いたのが 1603 年ですから、その頃の話です。

　この頃、オランダをはじめとするヨーロッパではインドの胡椒に大きな需要があったようです。当時は冷蔵庫がありませんから、肉を塩漬けにして保存していました。塩漬けにするだけなのでそのうち、臭みが出てきます。しかし、胡椒をかけて保存しておけばこの臭みが消え、味もスパイシーになるということで熱狂的な人気商品となったのです。

---

② 胡椒を運ぶのにどんな船を造るか？

さて、この胡椒ですが、ヨーロッパから遠くインドまで仕入れに出なければなりません。航路はヨーロッパから南下し、赤道を越えて喜望峰を回り、インド洋に出てようやくインドにたどり着くわけです。このためには当然、船がいるのですが、当初は王様のような大金持ちが船を仕立てて貿易を行っていたのかもしれません。しかし、インドへの航海となるとこのようにはるか遠くまで荷物を運ばなければなりませんし、その間に嵐に遭って沈没してしまったら元も子もありません。

そこで、大きな船を造るということが考えられたのでしょう。大きな船だと小さい船よりは沈みにくいでしょうし、一度にたくさんの荷物を運べますから、往復する回数もうんと少なくて済みます。しかし、大きな船を造るのには問題がありました。

それは、大金持ち一人の財産では到底造ることができないということです。

③ 船を造るための資金をどうするか？

この問題に対処すべく、有志を募りお金を出し合ってみんなで船を造ることにしました。その船を使ってインドから胡椒を買ってきてヨーロッパで売ります。そこで得られた利益をお金を出した人全員で拠出額に応じて配分するということが行われたのでしょう。

しかし、この方法もさらに別の問題があります。このように組合的な仕組みで船を造るのはいいのですが、仮に２艘目の船を造ろう、となったときに構成員のうち一人でも反対があると造るのが難しくなるということです。

④ 出資と運営の分離

そこで考えられたのが法人という架空の人物です。この架空の人物は出資者が会議で運営者（現代の取締役）を選出し、拠出したお金の運営を任せます。そして、運営者は定期的（ひと航海ごと？）に出資者に拠出してもらったお金がどれだけ増えたか（減ったか）を報告し、増えた分は出資者に配当するということが行われたのではないでしょうか。

⑤ 出資側と運営側をつなぐ「定期報告」

　こう考えると、出資者はなぜ法人に出資するのかということが分かります。出資に対する配当を得ることによって自身の財産を増やすためです。現代では値上がり期待ということもあるのでしょうが、法人制度がスタートした当初の出資というものはやはり配当目当てであったと考えざるを得ません。

　先述の「運営者による定期的な報告」というのは決算にほかなりません。これにより出資者は配当を得、運営者には財産を増やした報酬（現代の役員報酬）が与えられたのです。

　まとめると、**会社というのは多数の人の財産を集めて事業目的に投じ、運営するための架空の存在（人物）なので、その存在はその集められたお金が今どうなっているのかということを利害関係者に報告することによってのみ実感される**ものであるから、定期的な運営サイクル（通常は季節変動の影響を避け、他の年度や他社との比較を容易にするため1年）の終了ごとに**その運営結果をまとめて報告（決算）**することになった、ということになるでしょうか。

　上記の物語は史実とは異なるかもしれませんが、会社（法人）を一言でいうとどうなるのか、また、会計の究極の目的は何なのか、分かりましたか？

　これらの問いに対して、私はこのように答えるようにしています。

　会社を一言でいうと、**「システム」**であると。どんなシステム？**「出資者がお金を出してそのお金を使って事業を行い、増えたお金を出資者に分配（＝配当）するシステム」**です。

　出資者はなぜ会社に出資するのかというと、**配当金がもらえるからで**す。それによって自身の財産を増やすことができるのです。これがなかったら誰も出資なんてしないと思います。

　これを踏まえて、では、会計の究極の目的は何なのでしょうか？

　私たちは簿記や会計を学ぶ際、会計の目的は「適正な期間損益の計算」

と習いました。確かにその通りです。では、もう一歩踏み込んで、何のために「適正な期間損益の計算」を行わなければならないのでしょうか？

　会社は、先ほど述べた通り、出資者から出資してもらい、その出資してもらったお金（＝タネ）を使って営業活動を行い、会社の財産を増やし、その増えた部分のお金（＝果実）の一部を配当するということを前提に作られたものです。であれば、その配当に回すことができる「果実」がどれだけあるのか計算しなければなりません。

　この「果実」は何からできているのかというと、もちろん、これまでに稼ぎ出してきた利益からできています。

　何を言いたいのかというと、**会計の究極の目的は、「その時点における配当可能限度額の計算」**にあり、その目的のために各会計年度における「適正な期間損益の計算」をやっているのだということです。

　現代日本では同族会社が全体の９割超にのぼり、「出資者＝取締役」であるため損金となる役員報酬を取り、損金とはならない配当を行わない会社が多数にのぼることから、法人税など個々の取り扱いを見ると「？」となるところが多々ありますが、こうやって会社の「そもそも」を考えてみると納得できるところもありますね。

❷ 利益って何？？

　ご案内の通り、法人税は法人のもうけの一部を国に納めさせる税金です。後から述べますが、法人税の課税標準である所得金額は会計において計算した当期純利益から誘導的に求めることになっています。

　ここでは、会計の目的である配当可能限度額を構成し、同時に法人税の課税対象でもある利益という概念を皆さんと共有しておきたいと思います。

　利益というと、「売上―原価―販管費±営業外項目±特別損益―法人税等」という式を思い浮かべますが、実態として今ひとつピンときません。確かに計算式としては合っているのですが、利益そのものの説明に

はなっていないのです。

　結論から先に述べますと、

> 利益とは「期間の始めと終わりの純資産（≒企業価値）の増加額」

というのが正解です。これはしっかりと覚えておいてください。なお、配当や増資、減資のことはここでは考えないこととします。

　会社が持っているものを資産（積極財産）といい、他人に対して返済などの支払い義務があるもの（消極財産）を負債といいますね。そしてその差額が純資産です。こう考えると、この**純資産がその時点における企業価値**だということが分かります。

　この部分が期間の始めと終わりを比べて増えていればその増加額を「利益」、減っていればその減少額を「損失」と呼んでいるのです。

　また、純資産は資産と負債の差額であるということから、**利益の金額を正しく計算するためには当然に資産と負債の残高が正しいものになっていなければならない**ということになります。

＜利益の概念図＞

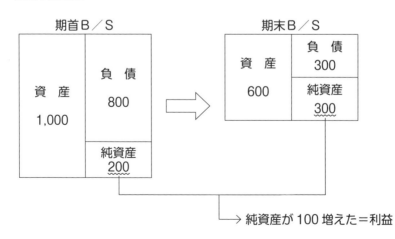

この図を参考に事例で説明します。資産は全部現預金、負債は全部借入金と考えてください。期首の段階でこの会社を全部買ってほしいといわれました。いくらで買いますか？

　通帳に1,000あるからといって1,000で買う人はいませんね。やはり、その時点の負債額800を差し引いた200で買うというのが正解でしょう。では、なぜ200で買うのかというと、この時点の**企業価値**が200だからと言い換えることができるでしょう。

　しかし、この時点では買いませんでした。そして1年が経過し、期末の状態になったとき、もう一度この会社を全部買ってほしいといわれました。いくらで買いますか？

　当然、期首のときと同様、純資産額の300で買うことになるでしょう。なぜ？　その時点の企業価値が300だから。

　ここで、期首と期末の企業価値がどれだけ上がったかに注目してみましょう。200から300に100だけ増えていますね。この**企業価値の増加額が利益の正体**なのです。

　ここでは、利益とは期間の始めと終わりの純資産の差額であり、**貸借対照表の各残高が全て正しいものでないと正しく計算されない**ということと**損益計算書とはその企業価値の増減の原因を記載したもの**であるということをしっかり覚えておいてください。

🔢 生命保険の保険料と利益

　生命保険の保険料の処理の仕方が利益に及ぼす影響について考えてみましょう。保険料がキャッシュアウトしているのは事実ですが、これは単に費用なのか、それとも他の資産に変わったのかで処理が異なります。

　例えば、保険期間が1年の掛け捨て共済の掛け金を支払ったとすると、保険期間内に保険事故が起こらなかったら何もバックはありませんから、資産性はなく、全額費用として処理することになるでしょう。すると、この共済掛け金については社外流出しているため、配当原資にはな

り得ません。逆にいうと、**配当原資になり得ないため、費用処理するしかない**のです。

では、終身保険の保険料はどうでしょうか？

終身保険の保険料は解約返戻金があります。保険事故が起こらなかったとしても、解約すればバックされるお金があるため、このお金は配当原資となり得ます。

我が国の企業会計は原則として取得原価主義を採っているため、資産計上額が必ずしも解約返戻金相当額に一致するわけではありませんが、解約することによって**バックされるお金を得られ、そのお金を配当に回すことができるため、配当原資を構成し、資産に計上する**のです。

こう考えると、資産計上の意味と費用処理の意味が明確になるのではないでしょうか？

この辺りのことは第4章で詳しく説明します。

４ 確定決算主義

(1) 法人税の課税所得を計算するための2つの考え方

① オール税法会計型

法人税の課税所得の計算方式には大きく分けて2つあり、一つは所得税の決算書や収支計算書と同様に、益金となるものと損金になるものだけを記載した決算書を株主総会提出用の決算書とは別に作成し、ここで計算された利益（＝課税所得）を課税標準として法人税を申告する方法です。

この方法によれば、例えば貸倒引当金を株主総会提出用（＝利害関係者提出用）の決算書には繰り入れず、税務申告用では繰り入れて税額を計算した、というようなことができますが、一方、同じ会計年度について2通りの決算書を作成しなければならないという大きな欠陥があります。

考えてみれば、我が国の所得税における不動産所得や事業所得な

どの青色申告決算書や収支内訳書はこの方式を採っており、貸倒引当金も青色申告の特典として継続性に関係なく繰り入れ・見合わせの選択ができるようになっています。

② 企業会計斟酌型

もう一つは、法人は上記で述べたように事業年度ごとに決算をしなければならないため、そこで計算された当期純利益から税法の益金・損金の差異を調整して課税所得とする方法です。

この方法によれば、いずれ作成しなければならない決算書の数字を利用してそれに税務調整を加えるだけで比較的簡単に課税標準を計算することができます。

しかし、この方法はあくまで損金に算入することができるのは確定決算において損金経理したものだけ、とする前提に立ちますから、逆に税法が企業会計を拘束してしまう面があるという欠陥があります（例えば、特別償却はあるべき会計処理の方法から得られる金額とは異なる金額で固定資産の簿価減額を要請しているなど）。

(2) 我が国の法人税法において確定決算主義が採られている訳

上記のうち、企業会計斟酌型が確定決算主義であり、我が国の法人税法はこちらの考え方を採っています。その理由は次の3つといわれています。

① 所得金額は株主の承認を得た利益金額を基礎として計算されることから、税額についても間接的に株主の承認を得たものと解することができるため

② 会社法上の計算書類は一般に公正妥当とされる会計慣行に基づいて作成されたものということになっているので、そこから誘導的に計算される課税所得についても適正なものであることが期待されるため（課税の安定性）

③ 所得金額はいったん計算された利益の金額に税務調整を加えるだけなので納税者側、課税者側ともに事務の簡便化を図ることができるため（課税の便宜性）

参　考

法人税法第22条第2項～第4項と同法第74条第1項

第二十二条

2　内国法人の各事業年度の所得の金額の計算上当該事業年度の益金の額に算入すべき金額は、別段の定めがあるものを除き、資産の販売、有償又は無償による資産の譲渡又は役務の提供、無償による資産の譲受けその他の取引で資本等取引以外のものに係る当該事業年度の収益の額とする。

3　内国法人の各事業年度の所得の金額の計算上当該事業年度の損金の額に算入すべき金額は、別段の定めがあるものを除き、次に掲げる額とする。

一　当該事業年度の収益に係る売上原価、完成工事原価その他これらに準ずる原価の額

二　前号に掲げるもののほか、当該事業年度の販売費、一般管理費その他の費用（償却費以外の費用で当該事業年度終了の日ま

でに債務の確定しないものを除く。）の額

　　三　当該事業年度の損失の額で資本等取引以外の取引に係るもの

　4　第二項に規定する当該事業年度の収益の額及び前項各号に掲げる額は、別段の定めがあるものを除き、**一般に公正妥当と認められる会計処理の基準に従って計算される**ものとする。

（以下略）

　第七十四条　内国法人は、各事業年度終了の日の翌日から二月以内に、税務署長に対し、**確定した決算に基づき**次に掲げる事項を記載した申告書を提出しなければならない。

（以下略）

(3) 法人税と企業会計との関係

　また、法人税法が確定決算主義を採っているということは、その所得計算の大元は企業会計にあるということになるため、会計基準に大きな変更が加えられると法人税法もそれに合わせて同様の改正が施されることになります。

　少し前の話になりますが、平成 30 年 3 月 30 日に企業会計基準委員会から「収益認識に関する会計基準」が公表されたのを受け、平成 30 年度税制改正において法人税法第 22 条の 2 が設けられ、同年 4 月 1 日以後終了事業年度（つまり、平成 30 年 4 月決算法人）からすぐに適用されたのはこういう事情によるものです。

5 法人税の計算パターン
(1) 計算パターンを押さえておくことのメリット

　私はお客様に初めて経営（会計）や税額計算、節税などの説明・提案をする時に必ず行うことがあります。それは、各税目の計算パター

ンです。特に消費税や所得税、相続税ではここから説明に入ることが多いです。

　この計算パターンを押さえておくことのメリットは何でしょうか？私は次の3つだと考えています。

　① 税額計算の最初の部分から最後の部分まで**俯瞰して全体を眺める**ことができること
　② 全体のうち、**どの部分の説明なのかを共通認識とすることができる**こと
　③ どの数字がどのように変わると**税額にどのような影響があるのか**が一目で分かること

　特に法人税は一つの別表で全体が分かるようにはできていないことと、会計の結果から誘導的に課税所得を求めることになっていることから、どの部分について話しているのかが分かるようになっていないと話がかみ合わないことが多いのです。

　それでは早速、法人税の計算パターンを確認してみましょう。

(2) 法人税の計算パターン

　法人税の計算は前半を会計部分とすれば、後半は申告書の部分です。さらに後半は所得計算の部分（別表四）と税額計算の部分（別表一）に分かれます。

【会計の部分】

1．売上高
2．売上原価
3．（差引）**売上総利益** ･･･ いわゆる「粗利」で、業態が変わらなければ売上高に対する比率はあまり変わらない
4．販売費及び一般管理費
5．（差引）**営業利益** ･･･ 金融収支などの影響を排除した純粋な営業上の利益
6．営業外収益
7．営業外費用
8．（加減算）**経常利益** ･･･ 一年間、通常営業を行った結果得られた利益
9．特別利益
10．特別損失
11．（加減算）税引前当期純利益 ･･･ たまたまその会計期間に生じた非経常的な損益をも含めた当期の利益
12．法人税等
13．（差引）**当期純利益** ･･･ 法人税等の負担額を控除し、来期に繰り越す利益

【申告の部分】

（所得金額の計算）

1．当期純利益 ･･･ 会計上の最終利益で、上記の１３．の金額
2．加算項目（留保・流出）
3．減算項目（留保・※）
4．（加減算）仮計
5．寄附金や所得税などの加算項目
6．繰越欠損金の当期控除額
7．（加減算）**所得金額**

（法人税額の計算）

8. **課税標準額**（所得金額を千円未満切り捨て）

9. **法人税額** … 所得金額×税率

10. 租税特別措置法による特別控除額

11. （差引）差引法人税額

12. 土地重課や留保金の特別税額

13. （加算）**法人税額計** … **地方法人税や法人住民税法人税割の課税標準**

14. 所得税などの控除税額

15. （差引）**差引所得に対する法人税額** … **年税額（来期の中間申告の要否の判定の基礎）**

16. 中間納付額

17. （差引）納付税額・還付税額

　こうしてみると、会計の内容が法人税額に与える影響はとても大きいということが分かります。

　ここでも生命保険に関する会計処理（資産か費用か）がいかに重要なものであるのかが分かります。

法人実在説と法人擬制説

法人はこのように人間の経済的な都合によって誕生した「架空の人物」ですから、その本質をどのように捉えるのかということを決めておく必要があります。このことについては諸説ありますが、ここでは法人実在説と法人擬制説を取り上げます。

① 法人実在説

法人実在説はその名の通り、法人は実際に存在するものとして取り扱うという説です。

これによると、法人は完全に独立した存在と考えますから、法人は株主の集合体などといったような概念はなくなります。

これに伴い、法人税と所得税の結びつきもなくなりますから、それぞれ独立した税目として取り扱われます。

また、法人税に超過累進税率を適用することも可能です。

② 法人擬制説

これに対し、法人擬制説は法人の実体性を認めず、単に法律上の目的のために設定されているにすぎないとする説です。このため、法人税が課された後の留保利益から生ずる配当所得については二重課税の性質が認められるという趣旨で所得税には配当控除が規定されていますし、「法人税は所得税の前払い」と考えられているため法人税率についても報酬や利子・配当の源泉所得税同様、定率となっています（もっとも、中小企業については、財務基盤への配慮から軽減税率が措置されています）。

このことからも分かるように、**我が国の税法体系は法人擬制説を採用している**といえます。

2　相続税のあらましを理解する

　法人税の次は相続税について触れておきたいと思います。なぜなら、生命保険契約は被保険者の死亡を保険事故として保険金が支払われるものであり、個人契約のものについては、相続税のことを考える必要があるからです。

　ただし、全般的に触れることはせず、全体の流れと生命保険関連のところに絞って見てみることにしましょう。

■1 相続税は何に課される税金か？

　相続税は皆さんご案内の通り、被相続人がその死亡時に有していた遺産に対して課される税目です。

　死亡時に有していた遺産が少なければ税負担が小さくなることに着目し、生前に贈与することを考える人が出てきますから、相続税逃れを防止する意味合いから生前贈与については贈与税が課されることになっているため、贈与税は相続税の補完税といわれ、相続税法に規定があります。

　遺産以外にも、「みなし相続財産グループ」に属するものと、「生前贈与加算グループ」に属するもの（いずれも本書での呼び方です）については相続税の対象とされます。

　また、債務控除や基礎控除などの項目を控除して計算した課税遺産総額に税率を適用することになっていますが、所得税同様、超過累進税率が採用されています。

② 相続税の計算パターン

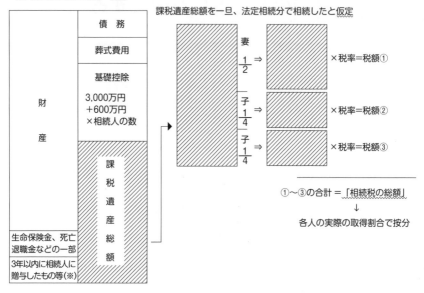

故人の死亡当時の財産・債務

課税遺産総額を一旦、法定相続分で相続したと仮定

（※）3年以内（令和6年1月1日以後贈与分から順次7年以内まで伸長）に相続人に贈与したものや相続時精算課税制度による贈与分

（1）故人が死亡当時に有していた財産（本来の相続財産）を評価する

　まず、故人（被相続人）が死亡当時に有していた財産を棚卸しし、評価します。ここでいう「有していた」というのは、民法上の所有権を有するもののうち、金銭に見積もることができる経済的価値のあるすべてのものをいいます。

　例えば、現預金、有価証券、宝石、土地、家屋などのほか貸付金、特許権、著作権などがこれに該当します。

　なお、生命保険契約や損害保険契約などで、故人の死亡当時、保険事故が発生していないものについては、その契約は本来の相続財産に該当します。

(2)「みなし相続財産グループ」に属するものを加算する

　本来の相続財産に該当しないものであっても、故人が現金を遺して亡くなったのと同様の経済効果があるものについては、非課税限度額を設けた上で、それを超える部分の金額を遺産とみなして相続税の課税価格に算入することとされています。

　このグループに属するものとしては、「生命保険金」と「死亡退職金」があり、それぞれ「500万円×相続人の数」の非課税枠が設定されており、これらを超える部分の金額が課税対象となります。

　なお、この加算対象となる死亡退職金は、死亡後3年以内に支払いが確定したものに限られます（それ以後に支払いが確定したものは、取得した遺族の一時所得）。

　本書の内容で深い関連があるのはこの部分となります。

(3)「生前贈与グループ」に属するものを加算する

　「生前贈与グループ」に属するものは次の2つがあります。

① 死亡前3年以内（※）に財産取得者に対して生前贈与をした場合

　故人の死亡直前に相続税負担を軽減する目的で駆け込み的に生前贈与を行うことを考える人が出てきます。贈与税には毎年（暦年）110万円の基礎控除額がありますから、これを何年かにわたって利用すると全体の税負担が小さくなることがあるため、ここに着目して実行するものです。

　このような財産の移転時期によって税負担額が変わるとなると、公平性が損なわれるという理由で、死亡前3年以内（※）に相続又は遺贈により財産を取得する人（つまり、相続税の申告者として申告書に名前が出てくる人）に対し生前贈与したものについては相続税の課税価格に算入し、その間に納付した贈与税は相続税の先払い分として控除することになります（贈与税額控除）。

　なお、贈与税額控除を適用して相続税額から控除しきれない部分

の金額は切り捨てとなり、還付されません。

> （※）令和6年1月1日以後に行われる生前贈与分からは順次7年以
> 内までに加算期間が伸長されます

② 相続時精算課税制度の適用を受けた場合

　経済対策の一環として、財産を持っているけれども若年層に比べて消費をあまり行わない年配者から財産を生前贈与により直系卑属に移転させ、その直系卑属に消費してもらおう、ということになり、平成15年から相続時精算課税制度が創設・施行されています。

　これは、60歳以上の父母や祖父母から18歳以上の子や孫に対し生前贈与を行った場合、受贈者が相続時精算課税制度を選択することにより、累計2,500万円までの贈与については、いったん贈与税を非課税とし（要期限内申告）、贈与者である父母や祖父母が亡くなったときに、遺産に加算して相続税を課するというものです。

　なお、生前贈与額が累計2,500万円を超えた場合や期限内申告を行わなかった場合には、一律20%の贈与税が課され、贈与者の死亡に係る相続税から控除されます。

　これにより生前贈与を受けた財産について相続税で精算を行うのです。

　この場合の贈与税額を控除してなお相続税額から控除しきれない部分の金額については、経済対策として行われている制度なので還付されます。

> （※）令和6年1月1日以後に行われる生前贈与分から年110万円の
> 基礎控除が適用されます。

（4）故人が死亡当時に有していた債務及び葬式費用を控除する

　相続税は故人が死亡当時に有していた財産に課されますが、逆に、債務を有している場合には、その財産をもって債務の弁済に充てられることになりますから、課税対象から外れることになります。

この債務を遺産から控除することを**債務控除**といいます。

また、社会通念上相当と認められる**葬式費用**についても、担税力への配慮により、遺産から控除することとされています。

ただし、香典が非課税とされているため、それに紐づけされる香典返しの費用や、葬式とは別に行われる法要の費用、墓地墓石の費用などについては控除不可となっています。

(5) 基礎控除額を控除して課税遺産総額を計算する

さらに相続税の基礎控除額（3,000万円＋600万円×相続人の数）を遺産から控除します。

ここまでの計算により**課税遺産総額**が算出されます。

なお、課税遺産総額がゼロ以下となる場合には原則として相続税はかかりません。

(6) 相続税の総額を計算する

課税遺産総額が算出されたら、これをいったん法定相続分で相続されたと仮定して、相続人各人の取得価額（仮）を求めます。

相続人が妻と子A、子Bの3人の場合には、妻については2分の1、子Aと子Bについては4分の1ずつとなります。

そして、それらの取得価額（仮）に超過累進税率を適用してそれぞれの相続税額を計算します。それらの相続税額の合計が**相続税の総額**となり、その相続（遺産）について課される相続税額の全体となります。

(7) 相続税の総額を各相続人の実際の取得割合で按分して各自の納付税額を計算する

取得する遺産がすべて決まったら、相続税の総額をそれぞれの遺産取得割合で按分して各人の負担すべき納付税額を計算します。

この場合、配偶者・子・親以外の人が取得したものについては、相続税の2割加算が適用されます。

　また、配偶者の税額軽減や障害者控除、未成年者控除、相次相続控除、外国税額控除など納税者の事情に応じて適用される税額控除があります。

❸ 遺産課税方式と遺産取得課税方式

　ここからは豆知識となりますが、かつて相続税・贈与税の課税方式について国会の場で議論となったことがありましたので、遺産課税方式と遺産取得課税方式について説明しておきたいと思います。

(1) 遺産課税方式

　遺産課税方式は、遺産そのものに課税を行う方式で、アメリカやイギリスで採用されています。これは、我が国における現行制度の「課税遺産総額」に超過累進税率を適用して納付税額を計算するというものです。

　納税義務者は遺産の取得者ではなく元の所有者である被相続人となりますから、贈与税も同様に贈与した側が納税義務者となります。

　この方式は、遺産に課税を行って課税が完了しますから、その後どのように遺産分割が行われようと税額は変わらないというメリットがある半面、特定の相続人に遺産が集中することによって格差拡大が助長され、相続税の趣旨に反する結果となる可能性があるというデメリットがあります。

(2) 遺産取得課税方式

　遺産取得課税方式は、遺産を取得した人に対して課税を行う方式で、ドイツやフランスで採用されています。これは、取得した財産に超過累進税率を適用して納付税額を計算するというもので、わが国におけ

る贈与税のようなものです。

　納税義務者は遺産の取得者となりますから、贈与税も同様に贈与を
受けた側が納税義務者となります。

　この方式は、相続人が多くなるほど税負担が小さくなるため、富の
分配が進むというメリットがある半面、同じ額の遺産でも相続人の数
や分割の仕方によって税負担額が変わるため公平性に欠けるというデ
メリットがあります。

(3) 我が国の現行制度はどちらの方式？？？

　我が国の現行制度は、贈与税の納税義務者が受贈者であることから
遺産取得課税方式と思われるかもしれませんが、相続税の総額までの
計算過程は遺産課税方式そのものです。

　このことから、我が国の現行制度はこれらの折衷方式である法定相
続分課税方式といわれています。

　この方式は、どのように分割しても相続税の総額は変わらないため
公平性に富むというメリットがありますが、遺産全体の規模や相続人
の数によって同じ取得価額の遺産を相続しても税額が変わってしまう
というデメリットがあります。

3 所得税のあらましを理解する

　最後に所得税です。本書ではあまり所得税には触れることがありませんから、全体の流れと生命保険関連のところに絞って見てみることにしましょう。

1 所得税は何に課される税金か？

　所得税は毎年1月1日から12月31日までの間に稼ぎ出した「もうけ」に対してその一部を国に納めるものです。

　このことについては、事業年度の開始・終了日の違いこそあれ法人税と同様ですが、法人税は生活をすることのない架空の人物に課されるのに対し、所得税は生身の人間に課するものとなりますから、憲法第25条との兼ね合いから、税が生活を脅かすことのないよう担税力（税を負担する能力）を考慮して制度化されています。

参 考

日本国憲法第25条

第二十五条　すべて国民は、健康で文化的な最低限度の生活を営む権利を有する。

　2　国は、すべての生活部面について、社会福祉、社会保障及び公衆衛生の向上及び増進に努めなければならない。

2 所得税の計算パターン

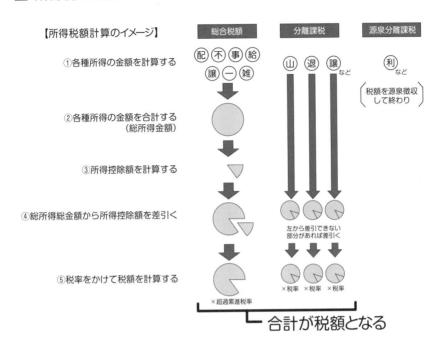

(1) 所得税の計算は3本柱の5段階

　所得税は図の通り、タテに3本の柱が立っています。左が総合課税の柱で、所得税の基本となる課税方法です。真ん中は分離課税の柱で、さまざまな理由から他の所得と合算せずに税額の計算を行うものです。一番右は源泉分離課税の柱で、収入を得る際に支払い側で所得税を源泉徴収して課税関係が完結する（確定申告に盛り込むことができない）もので、利子所得が代表例となります。

(2) 総合課税の計算パターン

　おまんじゅうに例えると、第一段階で各種所得（もうけの部分）の金額のおまんじゅうをいくつか所得の数だけ作ります（○○所得の金

額）。所得の金額は基本的に「収入金額ー必要経費」で求められます。

　それを第二段階で一つに固めて大きなおまんじゅうにするのです。ここで求められたものを「総所得金額」と呼び、所得税の課税標準の一つとされます。

　ここでいったんおまんじゅう本体のことは置いておいて、第三段階ではこのおまんじゅうから取り去る量（すなわち、所得控除額）を計算します。

　その取り去る量を第四段階で実際におまんじゅうから取り去り、パックマンのような形にします。この、課税標準から所得控除を差し引いたものを「課税所得」と呼びます。

　第五段階ではいよいよそのパックマンのような形の大きさに応じて定められた税率（超過累進税率）をかけて所得税額を求める、ということになります。

(3) 分離課税の計算パターン

　分離課税においても計算のイメージは同様ですが、総合課税とは次の3点で大きく異なります。

① 他の所得と合算しない

　分離課税はあくまでグループであり、実際の計算は「土地・建物の短期譲渡所得金額」「土地・建物の長期譲渡所得金額」「上場株式等に係る配当所得等の金額」「上場株式等に係る譲渡所得等の金額」「一般株式等に係る譲渡所得等の金額」「先物取引に係る雑所得等の金額」「山林所得金額」「退職所得金額」とそれぞれの所得ごとに行います。

　基本的に、これら第一段階で計算したものがそのまま第二段階の課税標準となります。

② 所得控除を差し引くのは総所得金額から控除できなかった場合のみ

　所得控除を課税標準から控除する際、総所得金額があればまずそ

ちらから控除し、控除額が余った場合に分離課税の方から一定の順序により控除します。

　分離課税の所得から所得控除をすることがない場合には、第四段階においては第二段階と同じ金額を課税短期譲渡所得金額、課税山林所得金額などとして取り扱います。

③ 税率はそれぞれの所得ごとに定められている

　税率はそれぞれの所得ごとに定められており、課税山林所得金額と課税退職所得金額については課税総所得金額に適用されるものと同じ超過累進税率が（課税山林所得金額については5分5乗方式）、それ以外のものについては比例税率（一定税率のこと）がそれぞれ適用されます。

(4) 法人の生命保険に関連が深い所得

　法人の生命保険に関連が深いのは、次の3つの所得でしょうか。

① 給与所得

　契約者が法人、被保険者が役員又は使用人で、保険金受取人がその遺族とする終身保険など、法人が支払った保険料を給与として取り扱う形態がいくつもありますが、これらは被保険者に対して給与所得として所得税が課されます。

② 退職所得

　法人契約の生命保険契約を退職時（死亡退職を除く）に現物支給した場合には退職所得として所得税が課されます。

③ 一時所得

　退職所得に関連して、個人契約となった生命保険契約を解約して解約返戻金を個人が受領した場合には一時所得として所得税が課されます。

　また、死亡日から3年後以降に支払いが確定した死亡退職金を遺族が受領した場合には、これも一時所得となります。

❸ 担税力への３つの配慮

（1）担税力への配慮から所得を 10 に区分している

　法人税では、どのような収入（収益）であってもそれらの取り扱いに差を設けることなく一律に益金の額に算入することとし、そこから損金の額を差し引いたものに税率を掛けるといった、非常にシンプルな計算体系となっています。

　これに対し、所得税でそのようなことを行うと担税力の強い所得と担税力の弱い所得を同等に取り扱うこととなり、税が納税者の生活を脅かす結果となることでしょう。

　例えば、所有する株式について配当があったことを考えてみます。配当は株式を購入するという元手は必要であるものの、その後はその会社が配当可能利益を確保し、納税者においては保有し続けるだけで現金が振り込まれるというものです。

　つまり、働かなくても、病床に伏していても収入することができる**不労所得**で、しかも、必ず現金で実現するため、取りっぱぐれがありません。

　これに対し、退職金について考えてみます。退職金は長年の勤労を終え、その間の労働に対する報奨とか、リタイア後の生活費に充てるためといったような意味合いで支給されるものです。

　これら２つの所得を全く同じ計算式で課税を行うことは、「税が納税者の生活を脅かしてはならない」という前提に立った場合、正しいことといえるでしょうか？

　そこで、自然人の**もうけや収入を担税力に配慮して 10 に区分**し、**それぞれ所得の金額の計算方法を設けることにより税負担を調整**しているのです。

参考

主な各種所得の金額

所得種類	不労／勤労	課税方法	青色申告特別控除	メシの種所得	源泉所得税	収支計算	所得の金額	備考
利子所得	不労所得	源泉分離			◆		収入金額	
配当所得	不労所得	総合・分離・不要			◆		収入金額－元本の所得に要した負債利子の額	
不動産所得（事業的規模）	不労所得	総合	10万・55万・65万			☆	総収入金額－必要経費－青色申告特別控除額	
不動産所得（事業的規模以外）	不労所得	総合	10万	★			総収入金額－必要経費－青色申告特別控除額	
事業所得	勤労所得	総合	10万・55万・65万	★	一部◆	☆	総収入金額－必要経費－青色申告特別控除額	
給与所得	勤労所得	総合		★	◆		収入金額－給与所得控除額－特定支出控除額	
退職所得	勤労所得	分離			◆		（収入金額－退職所得控除額）×1／2	
山林所得（事業的規模）	不労・勤労	分離	10万	★		☆	総収入金額－必要経費－山林所得の特別控除額－青色申告特別控除額	特別控除額は上限50万円
山林所得（事業的規模以外）		分離						
譲渡所得（土地・建物）	不労所得	分離					総収入金額－（取得費＋譲渡費用）	
譲渡所得（株式等）	不労所得	分離・不要		★			総収入金額－（取得費＋譲渡費用）	
譲渡所得（総合課税・長期）	不労所得	総合					総収入金額－（取得費＋譲渡費用）－譲渡所得の特別控除額	1／2だけ総所得金額算入
譲渡所得（総合課税・短期）		総合					総収入金額－（取得費＋譲渡費用）－譲渡所得の特別控除額	特別控除額は上限50万円
一時所得	不労所得	総合					総収入金額－その収入を得るために支出した金額－一時所得の特別控除額	1／2だけ総所得金額算入 特別控除額は上限50万円
雑所得（公的年金等）	不労・勤労	総合		★	◆		収入金額－公的年金等控除額	
雑所得（その他）		総合			一部◆	☆	総収入金額－必要経費	

(2) 各納税者の社会的・経済的事情に配慮し、所得控除を設けている

　各種所得の金額を 10 に区分し、それぞれ計算式に担税力の調整を織り込むことだけで、税が納税者の生活を脅かすことを完全に避けられるのでしょうか？

　確かに所得別の担税力調整を行うことはできているのでしょうが、これだけでは各人ごとの事情が織り込まれていません。

　次のケースを考えてみましょう。

　給与収入が 350 万円の A さんと B さんがいるとします。二人とも収入金額は同じです。A さんは若くて独身で、親と一緒に住んでいるので稼いできた給与は全部自分の小遣いです。

　これに対し、B さんは配偶者に先立たれ、子供 3 人との 4 人暮らし。子供のうち 1 人は重い障害を抱えているとしましょう。

　給与収入の額は同じですが、A さんの給与収入と B さんの給与収入は意味合いが全く異なります。そこで、各納税者の置かれた社会的・経済的事情に配慮して 15 種類の所得控除を設け、税負担を調整しているのです。

　この部分は所得税の温かみが感じられる部分で、個々の社会的・経済的事情を加味して制度化されているのです。

(3) 応能負担の考えから超過累進税率が採用されている

　所得税は納税者の生活を脅かさないように配慮して設計されているのは事実ですが、一方で、世の中には生活には全く困らないくらい大きな所得を毎年計上される人もいらっしゃいます。

　こういった方々に対しては税率も大きくして所得税をたくさん負担してもらうことになっています。

　このように、課税所得が大きくなれば適用税率も大きくなるという仕組みは累進税率と呼ばれますが、単純に課税所得に応じて税率を高くしていたのでは適用税率が変わる課税所得の前後で所得の手取り逆

転が起きてしまうため、課税所得●●万円までの部分についてはみな等しく A%、●●万円を超えて▲▲万円までの部分については同じく B%……とする**超過累進税率**が採用されています。

参　考

課税所得が大きい人は超過累進税率を適用されて困らない？

そのヒントは、獲得した所得の額と生活費の額の関係にあります。

年間収入 200 万円くらいの人と年間収入 1,000 万円くらいの人を例に取って考えてみましょう。

コロナ禍前の 2019 年の政府統計によると、年間収入 200 万円くらいの人の生活費（消費支出）の全国平均は約 190 万円で、年間収入 1,000 万円くらいの人の生活費（消費支出）の全国平均は約 530 万円だそうです。

このことは、前者の預貯金に回す余剰資金は 10 万円くらいしかなく、後者のそれは 470 万円くらいあることを示しています。

ここから分かることは、**年間収入 200 万円くらいの人と 1,000 万円くらいの人の間には約 5 倍に収入差があるけれども、生活費が 5 倍になっているわけではない**ということです。

つまり、**ある程度所得がある人は余剰資金があるので、そこに大きな税負担をさせても生活を脅かすことにはならない**ということになります。ここに超過累進税率の正当性があるのです。

4 この章のまとめ

❶ 法人とは、出資者から出資を募り、出資された資金で経営を行い、得られた利益の一部を出資者に配当するという**システム**である

❷ その利益を計算するためには期間の初めと終わりの純資産を求め、その増加額が利益となる。したがって、利益を正しく計算するためには資産及び負債の残高を正しくする必要があり、生命保険の保険料の処理の重要性もここからきている

❸ 企業会計の究極の目的は、**「配当可能限度額の算定」**にある

❹ 我が国の法人税は確定決算主義を採っているため、保険料の処理は企業会計を通じて法人税額の計算にも影響を及ぼす

❺ 我が国の相続税は遺産課税方式と遺産取得課税方式の折衷案ともいえる法定相続分課税方式を採用しており、相続開始時における故人の遺産や生命保険金、死亡退職金などに対して課される

❻ 我が国の所得税は憲法第 25 条との兼ね合いから、自然人たる納税者の担税力に配慮しており、収入を 10 の所得に区分し、所得控除により個々人の経済的事情を税額に反映させ、超過累進税率の適用により課税所得が大きい人には高い税率を課している

第3章

生命保険契約の区分

さて、本章からいよいよ生命保険契約の具体的な内容に入っていきます。

　生命保険契約にはさまざまな形態がありますが、全て覚えようとしても雲をつかむような話になってしまい、生命保険の税務処理といった肝心なところの理解にはつながりませんから、いくつかのグループに区分してみます。

　ここで紹介する区分はあくまで生命保険をいろんな角度から見たものであり、生命保険の性質を知っていただくためのものですので、この区分の中でも特に税務処理に関係の深い区分の仕方については、（★）印をつけておきます。

1 生命保険を種類別に区分する

1 どのような場合に保険金が支払われるのかという分類（★）

(1) 死亡保険……被保険者の死亡により保険金が給付されるもの

(2) 生存保険……契約終了時（満期時）に被保険者が生存していた場合に保険金が給付されるもの

(3) 生死混合保険……死亡保険と生存保険を組み合わせたもの。特に、生存保険金額＝死亡保険金額となっているものを「養老保険」といいます

　※ 生存保険と生死混合保険には、「いつまで生きていたら保険金が出る」という性質上、必ず保険期間が設定されています。

2 死亡保険の保険期間による分類（★）

(1) 定期保険……保険期間を定めているもの（死亡保険についてはいつからいつまでの間に亡くなったら保険金が出るというタイプで、**いわゆる掛け捨て保険**のこと）

(2) 終身保険……保険期間が被保険者の一生涯にわたっているもの（解約などをしない限り必ず保険金の給付がありますし、解約した場合にも返戻金が支払われますから貯蓄としての性格を備えているといえるでしょう）

3 保険料の支払い方による分類（★）

(1) **月払い**……毎月保険料を支払うもの

(2) **年払い**……1年分を1年に一度まとめて支払うもの。保険料総額は月払いより割安になります

(3) **一時払い**……生命保険契約の締結時にその契約分の保険料全額を一時に支払うもの。保険料総額は年払いよりさらに割安になります

4 一時払い以外の保険料をいつまで支払わなければならないかによる分類

(1) **全期払いのもの**……保険期間終了までずっと保険料を支払い続けるもの（終身保険については、特に「終身払い」といいます）

(2) **払込期間を設定したもの**……保険料支払期間が○○年間とか○○歳までなどと区切られており、以降は払込不要となるもの

5 保険金額がどのように決まるかによる分類

(1) **定額保険**……保険金額が契約時に予め定まっているもの

(2) **変額保険**……保険金額が資産の運用実績に応じて変動するもの。逓増定期保険や逓減定期保険とは異なります

6 配当があるのかどうかによる分類

(1) **有配当保険**……保険配当があるもの

(2) **無配当保険**……保険配当がないもの。配当がない代わりに、過去の実績から配当とされるべき金額をあらかじめ計算しておき、その分、保険料が安くなっています

2 主契約？　特約？？

　生命保険証券を見てみると、「主契約」とか「特約」という文字が書かれていることに気が付きます。生命保険証券にはさまざまな契約内容が細かく記載されているため、こういった文言を見るだけで億劫になってしまう人もいますが、一つ一つ理解していけば恐れるに足らず、です。

　なお、生命保険の税務処理においては、その内容に応じて一つ一つ判断することになりますから、同じ内容の保障であれば処理も同じになります。同じ保障内容なのに「主契約だからこういう処理、特約だからこういう処理」ということはありません。これにより課税の公平を保っているのです。

　したがって、生命保険の税務処理のことだけを考えると主契約と特約というのはあまり気にしなくてもいいのかもしれませんね。

　ただし、経営状態が苦しくなったから、この保険の内容を見直したい、というときなどには、特約は主契約を見直した場合に大きな影響を受けますから、この区分は重要となります。

┌─ 通 達 で取り扱いを確認！ ═══════════════

（特約に係る保険料）

　９－３－６の２　法人が、自己を契約者とし、役員又は使用人（これらの者の親族を含む。）を被保険者とする特約を付した養老保険、定期保険、第三分野保険又は定期付養老保険等に加入し、当該特約に係る保険料を支払った場合には、その支払った保険料の額については、当該特約の内容に応じ、９－３－４、９－３－５又は９－３－５の２の例による。

◯1 主契約

　主契約はその名の通り、生命保険契約の主たる部分をいいます。主契約については、保険証券に必ず「主契約　××」と記されているため、すぐに分かると思います。

　具体的には、「主契約　死亡保険金額1,000万円　100歳満期」とか、「主契約　重大疾病保険金額1,000万円　10年満期」などと記載されています。

　主契約は、生命保険の種類に応じ、死亡を保障するもの、死亡と医療を保障するもの、介護を保障するもの、老後を保障するものなどに分かれます。

◯2 特約

　特約は、主契約にさまざまな保障などを付加したものです。保険証券には、主契約の下のあたりに「特約　××」と記されています。主契約のみの生命保険契約の場合にはこの欄は記載がないか、この欄そのものがありません。

　具体的には、「重大疾病治療給付特約　保険期間10年　給付金100万円」とか、「災害割増特約　保険期間10年　保険金は主契約と同額」などと記載されています。

　特約には実にさまざまなものがありますが、死亡を保障するものと病気やケガ、介護などを保障するものなどに分かれます。

　なお、**特約のみを単体で加入することはできず、主契約を解約すると自動的に特約も解約となります。**

参考

よく出てくる特約

Ⅰ 定期保険特約

　　一定期間だけ死亡・高度障害保障がほしいときに保障を分厚くする意味で加入するもの。主契約が終身保険であるものは「定期付き終身保険」と呼ばれ、広く普及している。

Ⅱ 災害割増特約

　　不慮の事故や所定の感染症で死亡又は高度障害状態になったとき、主契約の死亡保険金や高度障害保険金に上乗せして災害死亡保険金、災害高度障害保険金が支払われるもの。

Ⅲ 収入保障特約

　　死亡又は高度障害状態になったときに保険金を年金形式で受け取ることができるもの。生活保障特約とも呼ばれる。

Ⅳ 特定疾病保障特約

　　がん・急性心筋梗塞・脳卒中などの疾病により所定の状態になったとき、又はそれ以外の理由で死亡・高度障害状態となったときに保険金が支払われるもの。

Ⅴ 疾病入院特約

　　病気で入院したときに、入院給付金が支払われるもの。また、病気で所定の手術をしたときには、手術給付金が支払われるものもある。

Ⅵ 災害入院特約

　　不慮の事故によるケガで入院したときに、入院給付金が支払われるもの。疾病入院特約と異なり、入院の原因が体の外部にあるため、生命保険というより、損害保険（傷害保険）に近い。

Ⅶ 通院特約

入院給付金の支払対象となる病気やケガの治療のために通院した場合に通院給付金が支払われるもの。

Ⅷ がん入院特約

がんで入院したときに入院給付金が支払われるもの。

（※）がんは治療費が高額に上る場合もあることから、他の疾病とは別に扱われるケースが多い。

Ⅸ リビング・ニーズ特約

余命6カ月以内など一定の余命期間と診断された場合、死亡保険金の全部又は一部が生前給付金として被保険者に支払われ（所得税は非課税）、残額があれば被保険者の死亡後に保険金受取人に対して支払われる（相続税のみなし相続財産）もの。保険金額の全額が生前給付金として支払われた場合、主契約は消滅する。この特約の保険料は無料。

❸ 長い名前の生命保険の内容をおおまかに理解するために

実際の生命保険証券を見てみると、保険の種類のところにやたらに長い名前が書かれていることが少なくありません。

今、私の手元にある2つの保険証券にも「無配当歳満期定期保険」「無配当重大疾病保障保険（無解約払戻金型）」との記載があります。

生命保険の基礎が分からないと、これらの名前を見ただけでよく分からなくなり、面食らってしまいますね。

これらの名前のおおまかな内容を理解するコツをいくつかご紹介します。

> ① 生命保険の名前は主契約や特約、保険期間、配当の有無、解約返戻金の有無などの**組み合わせ**となっていることを理解する
>
> ② 主契約の内容は最後に書かれている
>
> ③ 主契約の内容以外は「お飾り」と理解する

　これらのコツを知っていただいた上で、先ほど紹介した私の手元にある生命保険のおおまかな内容を見てみることにしましょう。

　まず、「無配当歳満了定期保険」についてです。主契約は最後に書かれているということで、この保険は「定期保険」であることが分かります。つまり、いついつまでに被保険者が死亡した場合に保険金が出るというもので、掛け捨て保険ということになります。

　では、いつまでに死亡したら出るのかというと、「歳満了」とありますから、何歳なのかはここからは分かりませんが、●歳になったらこの契約は終了する、という契約になっているということが分かります。そして一番頭にある「無配当」はその通り、保険配当はなく、その分保険料を安くした契約であるということが分かります。つまり、この生命保険は、「無配当で、保険料を安くした●歳までの保障となっている掛け捨て保険」ということになります。

　次に、「無配当重大疾病保障保険（無解約払戻金型）」についてですが、これも上記同様、主契約から見ることにします。カッコ書きを除く最後の部分は「重大疾病保障保険」とありますから、がんや急性心筋梗塞、脳卒中と診断されたときに保険金が支払われるものであることが分かります（重大疾病以外の原因で死亡した場合でも死亡保険金は支払われます）。

　先ほどの「【参考】よく出てくる特約」のⅣで示した特定疾病保障特約の内容が特約ではなく主契約となったものです。また、一番頭の部分には「無配当」とあり、ご丁寧にカッコ書きで「無解約払戻金型」とあ

【特約のついた生命保険契約の例】

生命保険証券

証券番号	保険契約者
	様
保険種類	被保険者
無配当重大疾病保障保険 （無解約払戻金型）	坂野上 満 様
契約日（保険期間の始期）	契約年齢４２歳　男性
２０１２年（平成２４年）１２月　１日	

当会社は、該当する保険種類の普通保険約款
ならびに各該当の特約条項にもとづき
保険契約者とこの保険契約を締結いたしました。

印紙税申告納
付につき西
税務署承認済

DAIDO 大同生命保険株式会社

大阪市西区江戸堀1丁目2番1号

代表取締役社長　喜田哲弘

◆ 主契約および付加した給付特約

主契約		保険金額	保険期間（保険期間の終期）
重大疾病保険金額		10,000,000円	10年満期（2022年11月30日）
付加した給付特約		給付金額	保険期間（保険期間の終期）
❶無配当重大疾病治療給付特約 （上皮内・皮膚癌保証付無解約払戻金型）	重大疾病治療給付金額	1,000,000円	［特約❶］ 10年満期（2022年11月30日）

・主契約は無配当重大疾病保障保険（無解約払戻金型）の契約です。

◆ 受取人・指定代理請求人

●重大疾病保険金・重大疾病治療給付金の受取人
　保険契約者　様

◆ 保険料

●払込方法＜回数＞	…	月　払
●払込期月	…	毎　月
●保険料払込期間（主契約・特約）	…	10年満了
●主契約保険料	…	7,030円
●特約保険料［定期部分］ （特約❶）	…	932円
●ご契約締結時、払込保険料合計	…	7,962円

◆ 契約者配当方法

このご契約には配当はありません。

りますから、配当もなく、解約したとしても返戻金がないものであることが分かります。つまり、この生命保険は、「配当も解約返戻金もない、がん・急性心筋梗塞・脳卒中と診断されたとき又はそれら以外で死亡したときに保険金が支払われる（「終身」の文字が見当たらないので、おそらく掛け捨て）保険」ということが分かります。

　このように、長い名前の生命保険契約も少しずつひも解いていくとおおまかな内容が分かるようになっているのです。お手元にある生命保険証券を見て練習すればすぐに理解できるようになることでしょう。

4 定期付き終身保険

　「組み合わせ」ということをご紹介したところで、主契約と特約の組み合わせでメジャーな2つの生命保険を考えてみましょう。

　まずは、定期付き終身保険です。最後の部分に「終身保険」とありますから、主契約は終身保険で、それに定期保険が乗っかっているものとなります。

　つまり、主契約の部分は一生涯保障となっており、解約しない限りはかならず保険金は支払われますが、一方、特約部分は●歳までに死亡された場合に保険金は支払われますが、満期時にご存命だと保険金は出ないという部分になります。

　こういった生命保険契約の場合、主契約部分の保険料と特約部分の保険料が別記されていますので、それぞれ会計処理を行うことになります。

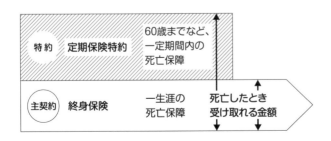

5 定期付き養老保険

　次に定期付き養老保険です。これも最後に「養老保険」とついていますから、主契約は養老保険で、それに定期保険が乗っかっているものとなります。

　これも、主契約部分は●歳までに死亡された場合でもご存命の場合でも保険金が支払われるというもので、そこに定期死亡保険を特約として上乗せすることで死亡保障の部分を厚くしたものになります。

6 学資保険って、どんな仕組み？？

　「組み合わせ」について、何となく理解ができてきたでしょうか？

　最後に応用として、学資保険の仕組みをひも解いてみましょう。一般によく販売されている学資保険の内容の一例としては次のようなものがありますので、保障内容を確認してみましょう。

---

① 子供（被保険者）が大学卒業年齢に達するまでの保険期間が設定されている

② 子供が大学入学年齢に達した際にお祝い金が、その翌年以後4年間にわたって学資年金がそれぞれ支払われる

③ 子供が保険期間内に死亡した場合、死亡保険金が支払われる

④ 親（契約者）が保険期間内に死亡した場合、以後の保険料は免除となる

　こういった学資保険は一枚の保険証券にはなっているものの、いくつかの生命保険の組み合わせとなっています。さて、どういう保険の組み合わせなのでしょうか？

　まず、②の部分ですが、これは、子供が大学入学年齢又は卒業年齢まで生存していたら保険金が支払われる保険ですから、**子供を被保険者とした生存保険（年金保険）**ですね。

　次に、③の部分ですが、これは子供が保険期間内に死亡した場合に保険金が支払われる保険ですから、**子供を被保険者とした定期保険**ということになります。

　最後に、④の部分ですが、これは、親が保険期間内に死亡した場合に以後の保険料が免除される（＝以後の保険料総額に相当する金額の保険金が支払われるのと同じ）わけですから、**親を被保険者とした定期保険（年齢を経るとともに保険金額が減少していく逓減定期保険）**ということになります。

　頭の体操のようなセクションとなりましたが、このように保険内容を分解して考えると保障の仕組みがよく分かると思います。

　また、保険提案をする機会があった場合に、特約で契約すればいいのか、単体で主契約とすればいいのかなどの判断に役立ちます。

3 この章のまとめ

❶ 生命保険はさまざまなグループ分けができるが、中でも死亡保険の
うち、終身保険、定期保険、養老保険がキモとなる

❷ 生命保険契約には主契約に特約が付されているものが多く、このこ
とは、生命保険契約は一本となっていても、さまざまな内容の保険
の組み合わせであることを意味する。主契約であっても特約であっ
ても保険料の処理は課税の公平の見地から、それぞれ別個に実質判
定となるため、一つ一つ分解して理解するクセをつけておきたい

❸ 実務で出てくる組み合わせは、定期付き終身保険と定期付き養老保
険

第4章

生命保険に関する税務処理①
【共通事項】

1 会計の仕組みのおさらい

　法人の生命保険に関する税務処理の具体例に入る前に、改めて会計の仕組みについておさらいをしておきましょう。ここで取り上げるのは、簿記3級の勉強をし始めた人のレベルのことばかりですが、大変重要なことなので改めて触れておくことにします。

　会計に出てくる勘定科目は5つのグループに分けられます。すなわち、「資産」「負債」「純資産」「収益」「費用」の5つです。このうち、法人の生命保険に関してよく出てくる事項は「資産」「費用」及び「収益」です。これら3つのグループの特徴をそれぞれ見てみることにしましょう。

1 資産って、何？

(1) 法人の生命保険の処理で難しいのは結局、何なのか？

　法人の生命保険の税務会計で迷うのは保険料の処理です。これを間違えていると、保険料の支払期間にわたって正しい利益や所得金額は計算されませんし、解約や保険事故の発生によって保険契約が終了した時の処理も適正なものとはなりません。いわば、保険料の処理はその生命保険契約の税務処理の入り口に当たりますので、極めて重要な事項といえるでしょう。

　その保険料を支払った時の処理ですが、貸方は現預金がその支払った保険料の額で記録されます。ここに異論を唱える人はいないでしょう。**迷うのは、その相手方である借方が「資産の増加」なのか、「費用の発生」なのか、はたまたその両方なのかということに尽きます。**

　繰り返しになりますが、これを資産の増加として処理するのと費用

の発生として処理するのとでは当然に利益や所得の金額が異なってきます。したがって、**法人の生命保険の税務処理において迷うこと、難しいことは8割方、この借方を何にするのか、ということなのです。**

(2) 資産って何なんだろう？

　さて、突然ですが、資産って一言でいうと、何ですか？　と聞かれたらどう答えますか？

　資産って、考えてみるととても幅広くカバーされており、貸借対照表の上の方から見てみると現預金、受取手形、売掛金などといった、取引のど真ん中にあるようなものから、貸付金や有価証券などといった本業以外のもの、建物や車両運搬具、ソフトウェアなどといった直接の販売行為には利用されないけれども、企業経営には不可欠なもの、そして創立費、開業費などといった実体のないものまでが記載されています。

　これらを一言で表すのに「財産のようなもの」としてしまいそうですが、それでは繰延資産がここから外れてしまいます。

　私は資産を次のように考えています。

　資産とは、**「現在又は将来にわたって企業の収益獲得に貢献するであろう財産や支出」**です。この考えによると、現預金（当座資産）は物を買ったり人に動いてもらったりするための対価の支払い手段として収益獲得に貢献しますし、貸付金や有価証券などは本業とは少し距離を置いたところでインカムゲインやキャピタルゲインといった収益獲得に貢献します。

　また、建物などの固定資産についてはいうまでもないと思いますし、前払費用についても将来、支払いが必要となるサービスの対価を先に支払っているものです。創立費などの繰延資産もその支出があったからこそ現在の企業があるわけで、こういった支出がなかったら企業そのものが存在しないこととなり、現在又は将来の収益獲得という話に

はならないでしょう。

　少し難しい話をしましたが、**支払った保険料がここで紹介した「現預金又は貸付金に準ずるもの」なのかどうなのか、「前払費用のようなもの」なのかどうなのか、という視点**を持つことができれば、保険料の処理の理解への近道となります。

❷ 費用って、何？

　費用というのは、**「企業の純資産の減少をもたらす原因」**です。費用は主に支出によって発生しますが、支払いのタイミングによって未払金という負債の発生により認識されることもあります。

　私たちは、簿記の勉強をし始めた時からずっと仕訳という作業を行ってきたことになりますが、この仕訳には面白い特徴があります。それは、**「借方、貸方の少なくとも一方（場合によっては両方）に、必ず資産・負債・純資産に属する勘定科目が現れる」**ということです。つまり、修正仕訳を除いては「（借方）費用の発生、（貸方）収益の発生」といった**貸借対照表科目の出てこない仕訳はない**ということになるのです。これはどうしてでしょうか？

　それは、簿記というものが何を記録しているのか、ということにも通ずるのですが、貸借対照表科目のうち、資産と負債はある特定の時点での残高を把握することができます。決算書の貸借対照表は、決算日におけるそれぞれの資産・負債の残高を表示し、その差額を純資産として表したものに他なりません。つまり、資産と負債は実体を伴うものであり、いつでもその残高を把握することができるものであるため、その残高を記録し、ひいてはその時点の純資産（≒企業価値）を記録しているということになるのです。

　では、費用や収益といった損益計算書科目って、何なのでしょうか？

　これらには資産や負債と異なり、実体がありません。いつ時点の残高を…という概念ではなく、「いつからいつまでに発生したものは…」と

いう捉え方となるものです。

　このような性質から、費用を一言でいうと、先ほど述べた「企業の純資産の減少をもたらす原因」ということになり、配当可能原資の額や企業価値を小さくする原因となるものということができるでしょう。

　保険料の処理においても、上記**1**で述べた**「現預金又は貸付金に準ずるもの」「前払費用のようなもの」のいずれにも該当しないものは全て費用**ということになるのです。

3 収益って、何？

　収益も費用同様、損益計算書科目ですから、実体はありません。費用とは逆の作用をもたらすもので、一言でいうと、**「企業の純資産の増加をもたらす原因」**ということになります。つまり、配当可能原資の額や企業価値を大きくする原因となるものということができます。

　生命保険の税務処理においては、解約返戻金や満期返戻金、保険事故の発生による保険金の**受領額が、資産計上されているその契約に係る保険料累計額を超える場合、その超えた部分の金額だけ、収益として計上される**ということになります（逆に、受領額がこれらの資産計上額を下回る場合には、その下回った金額は損失）。

　また、保険配当やそれを生命保険会社内にストックしていることによって生ずる保険利息がついた場合にもそれらの金額は収益となります。

2 生命保険に関する税務処理を仕組みからマスターする①
～生命保険に関する税務処理をグループで把握する

　いよいよ、生命保険に関する税務処理のキモの部分に入っていきます。まずは、全体から確認することにしましょう。

❶ 生命保険に関する税務処理 5 つの掟
（1）生命保険に関する税務処理は貸借対照表の科目を中心に考えるべし

　生命保険に関する税務処理は**貸借対照表の科目の計上額を考え、キャッシュの出入りの金額との差額が収益又は費用になると考える**とラクですし、間違いがありません。

　とはいえ、生命保険契約の解約返戻金を担保に生命保険会社から資金を借り入れる「契約者借入」というものもありますが、生命保険会社に対して負債を抱えることは比較的少ないため、**資産の勘定科目が中心**になります。

　保険料の支払など、**キャッシュアウトの際は資産計上額を的確に計算し、残りは費用と考える**ことになります。

　また、保険金や解約返戻金などの**キャッシュインの際は、それにより減少する資産を計算し、キャッシュとの差額は収益又は費用になると考える**のです。

（2）生命保険に関する税務処理は「入口」「出口」「途中」の 3 つのシーンで理解すべし

　キャッシュの出入りに関連するのですが、**保険料の支払が「入口」、**

保険金や解約返戻金などの収受といった**契約の終了が「出口」、保険配当の収受などが「途中」**となります。

　これらのいずれのシーンにおいても資産勘定が動くことが多いのですが、「入口」には入口の、「出口」には出口の、そして「途中」には途中の処理の特徴がありますから、それらをグループ化して考えると覚えるのもラクにできると思います。

（3）生命保険に関する税務処理で最も重要なのは「入口」なり

　言わずもがなですが、生命保険に関する物事は「入口」⇒「途中」⇒「出口」となりますから、最初の「入口」の処理を間違えると後もずっと間違え続けることになりかねません。

　よって、「入口」、すなわち、**保険料支払時の処理が最も重要**なのです。

　この保険料支払時の処理もパターン化することができますから、すぐに覚えてしまいましょう。

法人の生命保険契約の保険料処理の行き着く先

　法人の生命保険契約の保険料は、現預金が何かに変わるわけですから、同じ借方勘定である**資産か費用のいずれか**で処理することになります。

　資産か費用のいずれかというと二者択一のように思うかもしれませんが、おすすめなのは、**資産、費用とも2つずつ、計4つの勘定科目のいずれか**に行き着くと考えることです。

　その行き着く先としては、次の4つのいずれかとなります。

Ⅰ　生命保険会社に預金をしたと考える資産計上 ⇒「保険積立金」

Ⅱ　保険料の一部を前払費用と考える資産計上 ⇒「長期前払保険料」

Ⅲ　単なる期間経費 ⇒「支払保険料」

Ⅳ　役員又は従業員に対する給与 ⇒「給与」

　これは是非、4つともすぐに覚えていただきたい項目です。

　特に、同じ資産計上といっても「保険積立金」は生命保険会社に預けてある**金融資産**という意味合いがありますし、「（長期）前払保険料」はいずれ将来、費用として計上される**費用性資産**としての意味合いがあるため、使用する勘定科目を区別して処理するクセをつけておきたいものです。

　以下、本書では、Ⅰを「保険積立金」、Ⅱを「長期前払保険料」、Ⅲを「支払保険料」、Ⅳを「給与」として表示することとします。

　また、仕訳例において「給与」（退職金を含む）とする場合の源泉預り金の額は便宜上、一律約3%として表示します。

　なお、据置となっている保険配当金や保険利息についても生命保険会社に預けてある金融資産ということになりますから、「保険積立金」勘定を使用するといいでしょう。

(4) 生命保険に関する税務処理の「出口」ではその契約に係る貸借対照表科目の残高はすべてゼロとすべし

生命保険契約終了時、すなわち、「出口」の処理は比較的簡単です。

契約がなくなるわけですから、その契約に係る貸借対照表科目の残高は資産も負債もすべてゼロとなるためです。

契約終了の原因は**「満期」「解約」「主契約に係る保険事故の発生」**の3つが主なものとして挙げられます。

また、**契約者変更によって生命保険契約がその法人から離れた場合**には契約そのものが終了するわけではありませんが、法人の処理が終わるという意味で「出口」に分類されます。

さらに、一部解約については契約が持続しますので、「途中」に分類されることを付け加えておきます。

(5) 生命保険に関する税務処理でキャッシュが動かないものについては、「解約返戻金相当額＋配当金積立額」を時価と心得よ

法人税において、キャッシュが動かない取引については時価が問題になります。

生命保険に関する税務処理でキャッシュが動かない取引というと、契約者変更により被保険者に対する退職金として生命保険契約を現物支給するということが挙げられるでしょう。この場合、いくらを退職金としてカウントするのが正しいのでしょうか？

税法では、租税の公平を図るため、取引があった際の時価を計算に使うことが多々あります。この場合の時価というと、「現金に換えるとしたらいくら？」ということが基準になりますから、**解約返戻金相当額＋配当金積立額が時価**ということになるのです。

ただし、この部分については例外があり、契約の転換時には転換後の生命保険契約の責任準備金相当額を時価とすることになっています（205ページ参照）。

❷ 生命保険に関する税務処理で出てくる主な勘定科目の全体像

生命保険に関する税務処理の5つの掟が頭に入ったところで、次は全体に目を向けてみましょう。

ここでは、生命保険に関する税務処理で出てくる勘定科目を使用される主なシーンとともにすべて取り上げます。

(1) 資産勘定

- **現預金**……「入口」「出口」「途中」

  保険料を支払ったり解約返戻金、満期返戻金又は保険金を受け取ったりする際に動きのある勘定科目です。生命保険に関する税務処理はここに始まりここに完結するということになります。

  また、保険配当金が振り込まれる際にもこの勘定が使用されます。

- **保険積立金**……「入口」「出口」「途中」

  金融資産として生命保険会社に預けていると考える部分をこの勘定科目で処理します。例えば、終身保険など積立型保険の保険料や保険配当金の据置額などがこれに該当します。

- **長期前払保険料**……「入口」「出口」

  定期保険の保険料のうち、契約当初の割高となっている部分の保険料をこの勘定科目で処理します。この部分は解約しなければいずれ経費化し、満期時にはゼロとなります。

(2) 負債勘定

- **借入金**……「途中」「出口」

  生命保険契約の解約返戻金を担保として生命保険会社から資金を借り入れることができますが、この際に使用する勘定科目です。

- **預り金**……「途中」「出口」

  保険料を「給与」として処理する際に計上することになる源泉所得税や、退職金の支払いの際に計上することになる源泉所得税及び

住民税特別徴収額をこの勘定科目で処理します。

(3) 収益勘定

・ **雑収入** …… 「出口」「途中」

「出口」においては、保険金や満期返戻金、解約返戻金の受領時にその契約に係る資産勘定及び負債勘定の残高をゼロとするよう処理し、入金額がその処理による資産のネットの額を超える場合、その**差額**をこの勘定科目で処理します。

①契約者借入がない場合

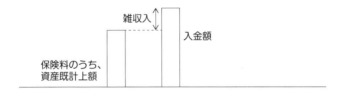

②契約者借入がある場合

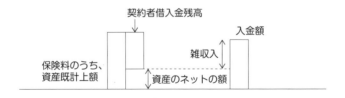

また、生命保険契約を退職金として現物支給する際には、時価である「解約返戻金相当額＋保険配当金積立額」を解約により収入したと考えて同様の処理を行います。

「途中」においては、保険配当や保険利息の受領・据え置き時にその収入額を、払い済みや延長定期、一部解約を行う場合（160ページ、163ページ参照）には時価である「解約返戻金相当額＋保険配当金積立額」を収入したと考えて、これが該当部分に係る資産のネッ

トの額を超える部分の金額をこの勘定科目で処理します。

　また、転換においては、転換後の新契約に係る責任準備金相当額を時価と考えて同様の処理をします。

　「入口」においてこの勘定科目が出てくることはありません。

(4) 費用勘定

・　**支払保険料**……「入口」「途中」

　「入口」においては、支払った保険料が保険積立金勘定や長期前払保険料勘定といった資産勘定として処理する部分を超える場合、その**差額**をこの勘定科目で処理します（資産計上額がないものについては全額この勘定科目で処理することになります）。

　「途中」においては、長期前払保険料を計上してきた生命保険契約の取り崩し期間に同勘定から振り替えて費用計上します。

・　**給与**……「入口」

　支払った保険料を「給与」として処理すべき場合にこの勘定科目を使用します。源泉所得税の預り金の計上を忘れないようにします。

・　**雑損失**……「出口」「途中」

　「出口」においては、保険金や満期返戻金、解約返戻金の受領時にその契約に係る資産勘定及び負債勘定の残高をゼロとするよう処理し、入金額がその処理による資産のネットの額を下回る場合、その**差額**をこの勘定科目で処理します。

　また、生命保険契約を退職金として現物支給する際には、時価である「解約返戻金相当額＋保険配当金積立額」を解約により収入したと考えて同様の処理を行います。

　「途中」においては、払い済みや延長定期、一部解約を行う場合に時価である「解約返戻金相当額＋保険配当金積立額」を収入したと考えて、これが該当部分に係る資産のネットの額を下回る部分の金額をこの勘定科目で処理します。

　また、転換においては、転換後の新契約に係る責任準備金相当額を時価と考えて同様の処理をします。

　「入口」においてこの勘定科目が出てくることはありません。

- **退職金**……「出口」

　生命保険契約を契約者変更により被保険者に対する退職金の現物支給とする場合に、時価である「解約返戻金相当額＋保険配当金積立額」を手取り額とし、これに源泉所得税額及び住民税特別徴収額の合計額をプラスしたものをこの勘定科目で処理します。

- **支払利息**……「出口」「途中」

　契約者借入を行った際に発生する利息をこの勘定科目で処理します。通常、「途中」で発生しますが、「出口」においても契約を清算する際に出てくることがあります。

生命保険に関する税務処理を仕組みからマスターする②
～契約者は誰？ 被保険者は誰？ 保険金受取人は誰？

　さて、生命保険に関する取引を処理する際の具体的なところに入っていきます。一見、複雑怪奇に見える生命保険ですが、こうやってひも解いてみるとそれほど奇妙奇天烈なものでもないということがお分かりいただけたと思います。

　その生命保険に関する税務処理のコツですが、やはり、「お金の流れを把握すること」に尽きると思います。これまでの知識も駆使しながら、いくつかの場合に分けてお金の流れを確認することにします。

■ 契約者がその法人以外の場合

　生命保険の契約者は、その契約の内容の決定権を有すると同時にその保険料を生命保険会社に支払う義務を負っています。

　契約者がその法人以外となっている生命保険契約の保険料をその法人が支払っているとすると、その法人は支払う義務のないものを支払っていることになります。

　このような場合、その支払額は、**その支払義務を負うべき契約者に対して返還を求めるのであれば貸付金や立替金として処理する**ことになりますし、**返還を求めないのであればその契約者に対する給与（or 寄附金）**となります。

　給与とする場合には、当然に源泉所得税がかかってきますし、特に、契約者が役員であれば、過大役員給与や定期同額給与以外のものとして役員給与の損金不算入の規定が働いてくる場合もありますから注意が必要となります。

　とはいえ、契約者がその法人以外の場合にはこれらのうち、いずれか
の取り扱いしかありませんから、あれこれ悩む必要はありません。

② 契約者が法人の場合

　契約者が法人の場合には、生命保険料はその法人に支払義務がありま
すから、保険金受取人が誰なのかに応じて処理を行うことになります。

　以下、本書では、法人に全く無関係の人を被保険者とすることはモラ
ルリスク（生命保険制度を悪用されるリスク）の面からもほとんどない
と思われるため、**被保険者は法人の役員又は従業員という前提**で進めて
いきます。

　つまり、**保険金受取人が誰であるのかによって処理が変わってくる**と
いうことになります。

（1）保険金受取人が役員・従業員又はその遺族の場合

　　保険料の支払義務を負うのが法人で、保険金の受領権を有するの
　が役員・従業員又はその遺族ということになるため、**役員又は従業**
　員に対する「給与」又は「支払保険料」（福利厚生的なものと認め
　られる場合）のいずれかとなります。

　　【仕訳例】
　　（借）給与（又は役員給与）　10,309　（貸）預り金　309
　　　　　　　　　　　　　　　　　　　　　　　現預金　10,000
　　又は
　　（借）支払保険料　10,000　（貸）現預金　10,000

役員給与とすべき保険料を年払いにした場合の 定期同額給与の取り扱い

　契約者が法人で、被保険者が役員、保険金受取人がその役員の遺族となっている生命保険契約で、その保険料を役員給与とすべきものがあるとします。

　保険料は月払いより年払いとした方が安くなりますから、年払いとしたいのですが、この場合、この保険料は定期同額給与として認められるのでしょうか？

　これについては、国税庁が「法人税基本通達の一部改正について」（平成19年3月13日付課法2-3ほか1課共同）で次のように解説しています。

★☆★☆★☆★☆★☆★☆★☆★☆★☆★☆★☆★☆★☆★☆★☆

　なお、定期同額給与に該当する経済的利益の供与に関連して、例えば、法人が役員にグリーン車の定期券を支給している場合でその定期券が6カ月定期であるときや、役員が負担すべき生命保険料を負担している場合でその保険料を年払契約により支払っているときについては、これらの支出が毎月行われるものでないことから、その供与される経済的利益の額は定期同額給与に該当しないのではないかとの疑義を抱く向きもあるようである。

　しかしながら、「その供与される利益の額が毎月おおむね一定」かどうかは、法人が負担した費用の支出時期によるのではなく、その役員が現に受ける経済的利益が毎月おおむね一定であるかどうかにより判定することとなる。したがって、上記のように、法人の負担した費用が、その購入形態や支払形態によ

り毎月支出するものでない場合であっても、当該役員が供与を
受ける経済的利益が毎月おおむね一定であるときは、定期同額
給与に該当する。

★☆★☆★☆★☆★☆★☆★☆★☆★☆★☆★☆★☆★☆★☆★☆★☆★☆

　これによると、年払いであっても役員が受ける経済的利益は毎月
一定のものであるということから定期同額給与として取り扱われる
ようです。

（2）保険金受取人がその法人の場合

　保険料の支払義務を負う法人が保険金の受領権も有するということ
は、「法人が被保険者について発生した保険事故をきっかけとして保
険金という資産を獲得する」ことになります。

　この場合には、保険の種類や保険料の支払方等に応じて **「保険積立
金」「長期前払保険料」「支払保険料」のいずれか**となります。

🄪 契約者は法人であるけれども、他の人が保険料を支払っている場合

　上記🄫の場合とは逆に、契約者は法人自身だけれども保険料は支払っ
ておらず、他の人が支払っている場合について考えてみます。

　最近の生命保険契約ではこのようなことはないとは思いますが、もし
このような契約があると知ったら、どのように処理しますか？

　法人は自然人とは異なり、事業目的を果たす手段としてのみ存在を認
められている「架空の人物」ですから、法人の名義をもって行う取引に
ついてはすべて帳簿に記録しなければならず、その上で、その税務の取
り扱いをどうするのかを考えることになります。

　もし今回のような取引が出てきたら、契約者は法人となっているわけ
ですから、貸方に未払金などの負債勘定を立てて処理することになるで
しょう。その上で、保険料を実際に支払っている他の人が債権放棄した

のであればその負債の免除益を立てることになるでしょうし（別の取引として）、いつかその金額を決済するというのであれば、負担してもらっている保険料の累計額をそのまま負債計上しておくことになります。

なお、借方の勘定科目については、上記**2**の取り扱いに準じます。

個人契約の生命保険契約の保険料を契約者以外の人が支払った場合、未払金などとはせず、実際に支払った人からの財産の移転等として相続税や贈与税などの課税関係を考えることになりますが、法人は商業上の都合でのみ存在する架空の人物ですから、他の人物との間における債権債務はそれぞれきちんと処理しなければならないため、このような違いが生ずるのです。

参　考

個人契約の取り扱いについて

　本書は法人契約の生命保険契約の取り扱いを説明することを主旨としていますが、個人契約のことが出てきましたので、その考え方について説明しておきたいと思います。こちらの方が保険関係のお金の動きに関する税法の考え方が理解できるでしょう。

　個人の純財産の増加（消費されたものを含む）に対して課する国税は、所得税、相続税及び贈与税の 3 つがあります。

　何らかの行為や所有によって得られた純財産の増加については、所得税の範疇とされ、担税力への配慮からその増加原因を 10 に区分してそれぞれの計算式で超過累進税率を適用して税額が計算されます。

　それとは別に、無償で得られた純財産の増加に対して得られたものについては、贈与税又は相続税の範疇とされています。

　つまり、生前贈与に起因するものについては贈与税、死亡に起因するものについては相続税が課され、それぞれ超過累進税率を適用

して税額が計算されます。贈与税と相続税の税率はブラケット（同一税率の適用範囲のこと）こそ異なるものの、同一のものとなっています。

　贈与税は前所有者が生存しているため所有権移転時期をはじめとしたさまざまな対策が可能であるのに対し、相続税は前所有者が死亡しているためそれらの対策が困難ということから贈与税のブラケットの方が小さい（すぐに次の税率に上がってしまう）ものとなるように設定されています。

　これらの税目の特徴をふまえ、保険料負担者、被保険者、保険金受取人の関係による取り扱いの違いについて、理由とともに説明します。

　なお、死亡保険なので、必ず被保険者≠保険金受取人となることを申し添えます。

Ⅰ．保険料負担者＝保険金受取人（≠被保険者）の場合

　この場合には、**保険料負担者が被保険者の死亡により、保険料という自分の財産を増やした**ことになりますから、タダで手にいれたお金ではなく自分の行為（保険料の支払い）から得られた財産ということになり、所得税（一時所得）が課されます。

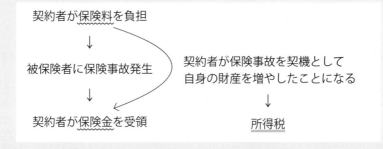

Ⅱ．保険料負担者＝被保険者（≠保険金受取人）の場合

　　この場合には、保険料負担者（被保険者）が自身の死亡を基因として保険金受取人に保険金を受領させることになるのですが、**これは現預金を残して死亡し、保険金受取人にタダで承継させるのと経済効果は同じ**ですから、相続税（みなし相続財産）が課されます。

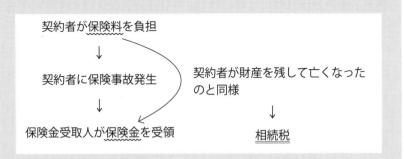

```
        契約者が保険料を負担
               ↓
        契約者に保険事故発生        契約者が財産を残して亡くなった
               ↓                    のと同様
                                          ↓
      保険金受取人が保険金を受領              相続税
```

Ⅲ．保険料負担者≠被保険者（≠保険金受取人）の場合

　　この場合には、**保険金受取人が他の人の死亡を基因として保険料負担者のお金で財産をタダで手に入れた**ことになりますから、保険料負担者からの贈与として贈与税が課されます。

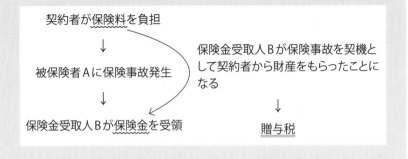

```
        契約者が保険料を負担
               ↓
      被保険者Aに保険事故発生       保険金受取人Bが保険事故を契機と
               ↓                    して契約者から財産をもらったことに
                                    なる
                                          ↓
   保険金受取人Bが保険金を受領              贈与税
```

4　生命保険の税務処理をパターン化して覚える

　生命保険の税務処理の具体例に入る前に、本書の核心部分に触れておきたいと思います。それは、生命保険の税務処理の原則的な処理パターンです。

　以下、生命保険のシーン別に税務処理の仕訳パターンを示しますので、これらを覚えておくと具体的な税務処理の理解が早いと思います。

　また、それぞれの項目についての細かい説明は後述しますので、ここで分からない用語が出てきた場合には、一度読み飛ばして後からここに戻ってくることをおすすめします。

1　保険料の支払い時（主契約・特約とも）

　保険料の支払い時の処理はその生命保険契約の入口となりますので、とても重要なものです。

　これについては、下記4つのうちのいずれか、又は組み合わせとなります。

　　　（借）支払保険料　×××　　　　　（貸）現預金　×××

　　　　　　　　　　　　　　　　or

　　　（借）給与　×××　　　　　　　　（貸）預り金　×××
　　　　　　　　　　　　　　　　　　　　　　現預金　×××

　　　　　　　　　　　　　　　　or

　　　（借）保険積立金　×××　　　　　（貸）現預金　×××

　　　　　　　　　　　　　　　　or

　　　（借）長期前払保険料　×××　　　（貸）現預金　×××

2 保険配当や保険利息の受領時

　貸方の雑収入の消費税区分については、保険配当の受領であれば課税対象外、保険利息の受領であれば非課税となります。

　　（借）現預金　×××　　　　　　（貸）雑収入　×××

3 保険事故の発生時（主契約）

　主契約の保険事故が発生すると契約自体が終了するものがほとんどですので、そのようなものについては、その契約に係る資産計上額があれば貸方にて、契約者借入があれば借方にてすべて清算します。

　なお、貸方の雑収入の消費税区分はいずれも課税対象外です。

　　（借）現預金　×××　　　　（貸）長期前払保険料　×××
　　　　（借入金　×××）　　　　　　保険積立金　×××
　　　　（支払利息　×××）　　　　　雑収入　×××

4 保険事故の発生時（特約）

　保険事故が発生しても契約自体が終了しないものについては、下記の通りです。

　なお、貸方の雑収入の消費税区分は課税対象外です。

　　（借）現預金　×××　　（貸）雑収入　×××

5 解約時・一部解約時

　解約時には、その契約自体がなくなりますから、その契約に係る資産・負債の残高がすべてゼロとなるように貸借逆仕訳を行い、その差額を雑収入又は雑損失に計上します。

　一部解約時も同様ですが、契約がすべてなくなるわけではありませんから、なくなった部分だけ逆仕訳を行うことになります。

（借）現預金 ×××　　　　　　　（貸）長期前払保険料 ×××
　　（借入金 ×××）　　　　　　　　保険積立金 ×××
　　（支払利息 ×××）　　　　　　　雑収入 ×××

or

（借）現預金 ×××　　　　　　　（貸）長期前払保険料 ×××
　　雑損失 ×××　　　　　　　　　　保険積立金 ×××
　　（借入金 ×××）
　　（支払利息 ×××）

6 契約者借入時及び利息支払い時

　契約者借入時は、銀行からの借入と同様です。利息の発生については現預金にて支払う場合と元金に組み入れられる場合があります。

〜契約者借入時

　（借）現預金 ×××　　　　　　（貸）借入金 ×××

〜利息支払い時

　（借）支払利息 ×××　　　　　（貸）現預金（又は借入金） ×××

7 払い済み時

　払い済みはその時の解約返戻金相当額を残りの期間の保険料に充てるわけですから、払い済み前の契約分についての資産はなくなり、払い済み後の契約に係る資産に変わることになります。それらの差額を雑収入又は雑損失で処理します。

（借）保険積立金（or 長期前払保険料；払い済み後分） ×××
　　　（貸）保険積立金（or 長期前払保険料；払い済み前分）×××
　　　　　雑収入（課税対象外）×××

or

（借）保険積立金（or 長期前払保険料；払い済み後分） ×××
　　雑損失 ×××
　　　（貸）保険積立金（or 長期前払保険料；払い済み前分）×××

8 延長定期への変更時

　延長定期は、その時の解約返戻金相当額で保険金額はそのままにして、保障期間の短縮を図るわけですから、借方は長期前払保険料又は支払保険料になります。延長定期前の契約分についての資産はなくなります。

（借）長期前払保険料（or 支払保険料；延長定期後分）　×××
　　　（貸）保険積立金（or 長期前払保険料；延長定期前分）×××
　　　　　　雑収入（課税対象外）×××

or

（借）長期前払保険料（or 支払保険料；延長定期後分）　×××
　　　雑損失　×××
　　　（貸）保険積立金（or 長期前払保険料；延長定期前分）×××

5　この章のまとめ

❶ 生命保険の処理に使う「資産」「費用」「収益」の定義を明確に押さえておきたい。すなわち、資産は「現在又は将来にわたって企業の収益獲得に貢献する財産や支出」であり、費用は「企業の純資産の減少をもたらす原因」、収益は「企業の純資産の増加をもたらす原因」である

❷ 生命保険に関する税務処理5つの掟を覚えておくこと。すなわち、「生命保険に関する税務処理は貸借対照表の科目を中心に考えるべし」「生命保険に関する税務処理は「入口」「出口」「途中」の3つのシーンで理解すべし」「生命保険に関する税務処理で最も重要なのは『入口』なり」「生命保険に関する税務処理の『出口』ではその契約に係る貸借対照表科目の残高はすべてゼロとすべし」「生命保険に関する税務処理でキャッシュが動かないものについては、『解約返戻金相当額＋配当金積立額』を時価と心得よ」の5つである

❸ 生命保険の処理は複雑なものと考えず、勘定科目や仕訳パターンといった全体を押さえ、「入口」「出口」「途中」のシーン別に、資産勘定の動きに注意して理解する（給与以外の収益・費用勘定は「差額」と割り切る）と比較的簡単になじむことができる

第5章

生命保険に関する税務処理②

【終身保険と養老保険の税務処理を考える】

ここからは、法人契約の生命保険の具体的な税務処理についてその理由とともに見ていくことにしましょう。

　まずは、支払った保険料が「生命保険会社に対する預貯金」となる部分を有する終身保険と養老保険からです。

1 終身保険の税務処理

　終身保険の保険料の取り扱いは、実は、通達には謳われていません。おそらく、その性質上、保険料に損金性がほとんどないか給与となるかのどちらかということで、取り扱いが明確であるためだと思われますが、その辺のことも含めて確認していきましょう。

1 終身保険の特徴

　終身保険はその名の通り、一生涯にわたって保障される生命保険で、「保障期間の終期」という概念がありません。

　そのため、被保険者はいつか亡くなりますから、**解約しなければ必ずいつかは保険金が支払われる**ことになります。

　このような生命保険の性質から、終身保険の保険料は「被保険者が亡くなる時に満期を迎える預金」として取り扱うことになります。つまり、**生命保険会社に対する預貯金**と考えるのです。

　その上で、保険事故が発生して保険金が支払われれば、これまで支払ってきた保険料の累計額は預貯金でいえば元金部分に相当しますから、それを超える部分を雑収入として計上することになるのです。

　また、解約時には解約返戻金があります。この場合も、これまで支払ってきた保険料の累計額と解約返戻金受領額を比べ、前者の方が大きければ差額を雑損失として、後者の方が大きければ差額を雑収入として計上することになります。

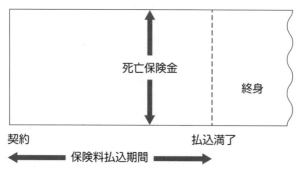

死亡保険金

終身

契約　　　　　　　　　　　　　　払込満了

保険料払込期間

（※）図は有期払を例示していますが、終身払いのものもあります

2 保険料の支払い時

　保険料は「生命保険会社に対する預貯金」ですから、①保険金受取人がその法人である場合には「保険積立金」、②保険金受取人が役員又は従業員の遺族である場合には被保険者に対する「給与」となります。

　すなわち、②の場合には、「その保険料相当額を実際に給与として被保険者たる役員又は従業員に支払い、被保険者はそのお金を右から左に自己が契約する同様の終身保険の保険料として支払った」のと経済効果が同様であることからこのような取り扱いとなっているのです。

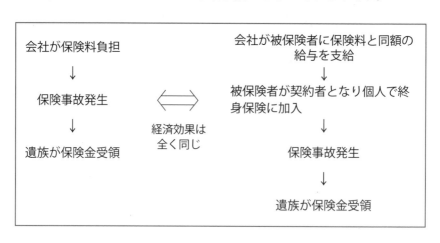

会社が保険料負担
↓
保険事故発生
↓
遺族が保険金受領

経済効果は
全く同じ

会社が被保険者に保険料と同額の
給与を支給
↓
被保険者が契約者となり個人で終身保険に加入
↓
保険事故発生
↓
遺族が保険金受領

【仕訳例】

～保険金受取人がその法人である場合

（借）保険積立金　10,000　（貸）現預金　10,000

～保険金受取人が役員又は従業員の遺族である場合

（借）給与　10,309　（貸）預り金　　309
　　　　　　　　　　　　　　　現預金　10,000

3 保険事故の発生による保険金の受領時

　不幸にして、被保険者が死亡した場合には保険金受取人に対して保険金が支払われますが、この場合の処理は、①保険金受取人がその法人である場合には、受領した保険金と資産計上されている額との差額を雑収入として処理することになります。

　②保険金受取人が役員又は従業員の遺族である場合には、保険料の支払時は給与として処理しており、保険金は法人に入ってこないことから、法人において処理することは特にありません。

【仕訳例】

～死亡保険金 3,000 を法人が受領した場合（保険積立金 1,200）

（借）現預金　3,000　（貸）保険積立金　1,200
　　　　　　　　　　　　　　　雑収入（課税対象外）　1,800

4 解約返戻金の受領時

　保険事故発生前に解約した場合には解約返戻金が契約者に支払われます。

　この場合の処理は、①保険金受取人がその法人である場合には、受領した解約返戻金と資産計上されている額との差額を雑収入又は雑損失として処理することになります。

　②保険受取人が役員又は従業員の遺族である場合には、解約返戻金は

契約者たる法人に対して支払われますが、それまでに支払ってきた保険料は役員又は従業員に対する給与として処理されており、資産計上部分はありませんから、受領額全額を益金算入することになります。

【仕訳例】

◆解約返戻金 2,000 を受領した場合

　～保険金受取人がその法人である場合（保険積立金 2,100）

　　（借）現預金　2,000　（貸）保険積立金　2,100
　　　　　雑損失　100

　～保険金受取人が役員又は従業員の遺族である場合

　　（借）現預金　2,000　（貸）雑収入（課税対象外）　2,000

2　養老保険の税務処理

1　養老保険の特徴

　生命保険契約には死亡保険、生存保険の他に生死混合保険があります。死亡保険は被保険者の死亡を基因として保険金が支払われるものであり、生存保険は契約時に定めた時点で被保険者が生存していれば保険金が支払われるものです。

　このため、**生存保険には必ず保険期間の定めがあります。**

　死亡保険については、定期保険とした場合には、保険期間満了時に被保険者が生存していたら保険料が掛け捨てとなってしまうことが欠点となり、終身保険とした場合にはいずれ必ず保険金は支払われるものの、保険料が高くなってしまうことが欠点となります。

　また、生存保険については、保険期間中に被保険者が死亡した場合に、保険金がわずかなものとなってしまうということが欠点となります。

　これらの欠点を避けるべく、生死混合保険というものがあるのです。

　生死混合保険は、**保険期間を定めておき、その期間中に被保険者が死亡した場合には死亡保険金が支払われ、保険期間満了時に被保険者が生存していたら、生存保険金（満期保険金）が支払われる**というものです。

　この**生死混合保険のうち、死亡保険金と生存保険金が同額となっているものを特に養老保険と呼んでいます。**

　例を挙げると、保険金額 1,000 万円の社長を被保険者とする保険期間 10 年の養老保険契約では、社長がこの 10 年の間に死亡すれば死亡保険金受取人に 1,000 万円が支払われますし、一方、社長が保険期間満了時に生存していれば生存保険金（満期保険金）受取人に 1,000 万円が支払われます。

つまり、**社長が 10 年の間に亡くなっても生きていても 1,000 万円を受け取ることができる保険契約**なのです（ただし、満期保険金が支払った保険料総額を下回ることもしばしばあります）。

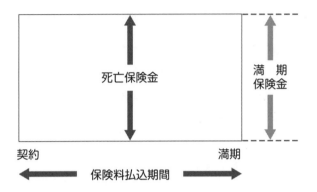

2 保険料の支払い時

(1) 死亡保険金及び生存保険金の両方の受取人がその法人である場合には、被保険者が生存していても死亡しても一定の保険金が受領できますから、その保険料は生命保険会社に対する預貯金として全額「保険積立金」となります。

　【仕訳例】
　　（借）保険積立金　300　（貸）現預金　300

(2) 死亡保険金及び生存保険金の両方の受取人が役員・従業員又はその遺族である場合には、その法人は死亡保険金も生存保険金（満期保険金）も受領しないこととなるため、全額被保険者に対する「給与」となります。

【仕訳例】

　（借）給与　309　（貸）預り金　9
　　　　　　　　　　　　　現預金　300

(3) 死亡保険金の受取人が役員・従業員の遺族で、生存保険金の受取人
　が法人である場合には、保険料の2分の1は「保険積立金」で、
　残りは「支払保険料」となります。この場合も死亡給付金の受取人
　が「遺族」なので、福利厚生的な性質を伴いますから、普遍的加入
　でない場合には被保険者に対する「給与」となります。

　　これは「ハーフタックス（福利厚生プラン）」として知られており、
　広く利用されています。

【仕訳例】

～ハーフタックスの要件を満たす場合

　（借）保険積立金　150　（貸）現預金　300
　　　　支払保険料　150

～普遍的加入でない場合

　（借）給与　309　（貸）預り金　9
　　　　　　　　　　　　　現預金　300

重　要

普遍的加入について

　養老保険の死亡保険金受取人が役員又は従業員の遺族、生存保険
金受取人が法人である場合には、保険料の2分の1を「支払保険料」
として処理することができるけれども、役員など特定の人のみを被
保険者とする場合には被保険者に対する「給与」として取り扱うと
説明しました。

　つまり、特定の人だけを被保険者にするのではなく、広く役員・

従業員全員を被保険者とする場合のみ、「支払保険料」として処理するのであって、特定の人だけを被保険者とする場合には「給与」になるといっているのです。これはなぜでしょうか？

　それは、保険金受取人が役員・従業員の遺族となっている以上、**福利厚生的な意味合いがあるため**なのです。

　会社の慰安旅行でも、対象者が全員となっていない場合には税務上、福利厚生費（単純損金）とは認められず、参加者に対する給与とされる場合がありますが、それと同じです。

　このように、保険金受取人が役員・従業員の遺族などとなっている生命保険契約では、役員・従業員の全員を加入させることが期間経費の要件とされるものがありますが、全員加入させることを「**普遍的加入**」と呼びます。

　なお、全員加入させるといっても、昨日入社してきた人も加入させなければいけないのかというとそうではなく、**常識的な範囲で加入内容に差を設けてもいい**ことになっていますから、例えば、「入社後１年を経過した役員・従業員全員」などと決めて、その通りに実行していれば普遍的加入の要件を満たすものと考えられます。

❸ 保険事故の発生による保険金の受領時

(1) 死亡保険金及び生存保険金の両方の受取人がその法人である場合には、受領額と資産計上されている額との差額を雑収入又は雑損失として処理することになります。

【仕訳例】
◆死亡保険金 2,000 を受領した場合（保険積立金 600）
　（借）現預金　2,000　（貸）保険積立金　600
　　　　　　　　　　　　　　雑収入（課税対象外）1,400

(2) 死亡保険金及び生存保険金の両方の受取人が役員・従業員又はその遺族である場合には、保険料の支払時は給与として処理しており、保険金は法人に入ってこないことから、法人において処理することは特にありません。

(3) 死亡保険金の受取人が役員・従業員の遺族で、生存保険金の受取人が法人である場合には、死亡保険金についてはその法人に受領額は計上されませんから、資産計上額全額を損金算入するだけとなり、生存保険金については、受領額と資産計上されている額との差額を雑収入又は雑損失として処理することになります。

【仕訳例】

◆死亡保険金 2,000 が遺族に支払われた場合（保険積立金 600）

　（借）雑損失　600　（貸）保険積立金　600

◆満期保険金 800 を受領した場合（保険積立金 600）

　（借）現預金　800　（貸）保険積立金　600
　　　　　　　　　　　　　　雑収入（課税対象外）　200

4 解約返戻金の受領時

(1) 死亡保険金及び生存保険金の両方の受取人がその法人である場合には、解約返戻金受領額と資産計上されている額との差額を雑収入又は雑損失として処理することになります。

【仕訳例】

◆解約返戻金 300 を受領した場合（保険積立金 400）

　（借）現預金　300　（貸）保険積立金　400
　　　　雑損失 100

(2) 死亡保険金及び生存保険金の両方の受取人が役員・従業員又はその遺族である場合には、それまでに支払ってきた保険料は役員又は従業員に対する給与として処理されており、資産計上部分はありませ

んから、解約返戻金の受領額を益金算入します。

【仕訳例】

　（借）現預金　300　（貸）雑収入（課税対象外）　300

(3) 死亡保険金の受取人が役員・従業員の遺族で、生存保険金の受取人が法人である場合には、解約返戻金受領額と資産計上されている額との差額を雑収入又は雑損失として処理することになります。

【仕訳例】

◆解約返戻金 300 を受領した場合（保険積立金 200）

　（借）現預金　300　（貸）保険積立金　200

　　　　　　　　　　　　　雑収入（課税対象外）100

┌─ 通 達 で取り扱いを確認！ ────────────┐

（養老保険に係る保険料）

　９－３－４　法人が、自己を契約者とし、役員又は使用人（これらの者の親族を含む。）を被保険者とする養老保険（被保険者の死亡又は生存を保険事故とする生命保険をいい、特約が付されているものを含むが、９－３－６に定める定期付養老保険等を含まない。以下９－３－７の２までにおいて同じ。）に加入してその保険料（令第135条《確定給付企業年金等の掛金等の損金算入》の規定の適用があるものを除く。以下９－３－４において同じ。）を支払った場合には、その支払った保険料の額（特約に係る保険料の額を除く。）については、次に掲げる場合の区分に応じ、それぞれ次により取り扱うものとする。

(1) 死亡保険金（被保険者が死亡した場合に支払われる保険金をいう。以下９－３－４において同じ。）及び生存保険金（被保険者が保険期間の満了の日その他一定の時期に生存して

いる場合に支払われる保険金をいう。以下9－3－4において同じ。）の受取人が当該法人である場合　その支払った保険料の額は、保険事故の発生又は保険契約の解除若しくは失効により当該保険契約が終了する時までは資産に計上するものとする。

(2)　死亡保険金及び生存保険金の受取人が被保険者又はその遺族である場合　その支払った保険料の額は、当該役員又は使用人に対する給与とする。

(3)　死亡保険金の受取人が被保険者の遺族で、生存保険金の受取人が当該法人である場合　その支払った保険料の額のうち、その2分の1に相当する金額は（1）により資産に計上し、残額は期間の経過に応じて損金の額に算入する。ただし、役員又は部課長その他特定の使用人（これらの者の親族を含む。）のみを被保険者としている場合には、当該残額は、当該役員又は使用人に対する給与とする。

通 達 で取り扱いを確認！

（定期付養老保険等に係る保険料）

　9－3－6　法人が、自己を契約者とし、役員又は使用人（これらの者の親族を含む。）を被保険者とする定期付養老保険等（養老保険に定期保険又は第三分野保険を付したものをいう。以下9－3－7までにおいて同じ。）に加入してその保険料を支払った場合には、その支払った保険料の額（特約に係る保険料の額を除く。）については、次に掲げる場合の区分に応じ、それぞれ次により取り扱うものとする。

(1)　当該保険料の額が生命保険証券等において養老保険に係る保険料の額と定期保険又は第三分野保険に係る保険料の額

とに区分されている場合　それぞれの保険料の額について
9－3－4、9－3－5又は9－3－5の2の例による。
(2)　(1) 以外の場合　その保険料の額について9－3－4の例
による。

　この法人税基本通達9-3-6は、主契約が養老保険で、定期保険又は
医療保険、がん保険などの第三分野保険が特約で付いている場合、それ
らの保険料の額が区分されていれば、それぞれの内容に沿った処理とし、
区分されていなければ、全額養老保険の保険料として処理することを
謳ったものです。

3 この章のまとめ

❶ 終身保険も養老保険も保険料の全部又は一部が、保険金や満期返戻金・解約返戻金となっていずれ生命保険会社から支払われるため、「給与」に該当しない限り、「生命保険会社に対する預貯金」と考える部分がある

❷ 法人契約の終身保険の保険料は、保険金受取人がその法人であれば全額「保険積立金」、被保険者の遺族であれば被保険者に対する「給与」となる

❸ 法人契約の養老保険の保険料は、受取人が死亡保険金・生存保険金ともその法人である場合には、終身保険同様、全額「保険積立金」となる

❹ 法人契約の養老保険の保険料は、受取人が死亡保険金・生存保険金とも被保険者の遺族である場合には、終身保険同様、被保険者に対する「給与」となる

❺ 法人契約の養老保険の保険料は、死亡保険金受取人が被保険者の遺族、生存保険金受取人がその法人である場合には、普遍的加入を要件に、保険料の2分の1が「支払保険料」、残りの2分の1が「保険積立金」となる

❻ このように、終身保険と養老保険の保険料処理は共通点が多いため、セットで覚えるとよい

第6章

生命保険に関する税務処理③

【定期保険と第三分野保険の税務処理を考える】

次に定期保険と第三分野保険です。

定期保険は平たくいうと、「いつからいつまでの間に保険事故が起き たら保険金を支払うけれども、保険期間終了までに保険事故が起きな かったら何も支払われない保険契約」で、いわゆる**掛け捨て保険**です。

このため、保険料には費用性・損金性があるのですが、そのために各 生命保険会社から実にさまざまな商品が販売されており、税務処理が最 も複雑な生命保険契約といえるでしょう。

また、第三分野保険は医療保険、がん保険、介護保険など生命保険で も損害保険でもないもので、保険期間があるものも終身タイプのものも あります。

これらも定期保険同様、掛け捨て保険となります（終身タイプの第三 分野保険については、計算上、116 歳までの定期保険と考える）から保 険料には費用性・損金性があります。

実は、これらの保険については、令和元年 6 月 28 日に通達が改めら れました。それまでは、特に第三分野保険については個別通達に拠って いたところが大きく、新商品の発売に通達が追い付いていなかった面が あったため、解約返戻金の有無と程度によってまとめられたのです。

掛け捨て保険なのに解約返戻金があるなど、一見、理解しがたいと思 われる部分もあるかもしれませんが、基本的な商品の仕組みを理解する ことによって保険料の処理や保険金や解約返戻金の受領時の処理の仕方 がなぜこのようになっているのか納得できると思います。

以下、**定期保険には第三分野保険を含むものとして記載します。**

1 定期保険のいろいろ

　定期保険はいわゆる「掛け捨て保険」であり、保険事故が起こらないまま保険期間が過ぎてしまうと保険金が支払われない保険です。しかし、保険料の設定や保険金額の変化などによって税務処理の仕方が変わってくるのです。

　定期保険には主に次のようなものがあります。

1 平準型（通常のもの）

　いわゆる通常の掛け捨て保険で、原則として解約返戻金がありません（あってもわずか）。それゆえ、保険料は「支払保険料」として全額損金の額に算入されます。

　このタイプの生命保険は、保険期間が終わると同じ保障内容にて更新することができるものも多くあります。この場合、被保険者の年齢上昇に伴って保険料が上がりますが、新たに他の保険に加入しようと思っても健康状態によって加入できないケースもありますから、更新制度にはありがたい側面があるといえるでしょう。

【一般的な平準型の仕組み図】

【更新タイプの平準型の仕組み図】

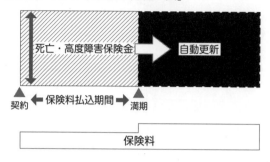

2 長期平準型

　長期平準型は、保険期間が長く（被保険者年齢100歳までなど）、その間の**保険料は最初から最後まで一定**という特徴があります。

　定期保険は掛け捨て保険とはいったものの、保険期間が長いため、一定の年齢までは保険料の前払部分が発生しており、**解約返戻金があります**。

　このような性質から、定期保険の保険料ではありますが、加入後、保険料の前払部分が解消されるまでの期間に支払う保険料は「長期前払保険料」として資産計上する部分が存在することになります。

3 逓増型

　逓増型は、年齢を経るにつれ保険金額が大きくなり、**保険料は最初から最後まで一定**という特徴があります。

　これも長期平準型同様、一定の年齢までは保険料の前払部分（長期平準型より割合的に大きい）が発生しており、**解約返戻金があります**。

　このような性質から、定期保険の保険料ではありますが、加入後、保険料の前払部分が解消されるまでの期間に支払う保険料は「長期前払保険料」として資産計上する部分が存在することになります。

参　考

なぜ長期平準型や逓増型には解約返戻金が存在するのか？

　長期平準型も逓増型も掛け捨て保険ですから、解約返戻金はないのではないかと思われがちですが、実は、前払保険料の部分を作ることによって一定期間は解約返戻金がある保険となっています。

　これは、次のようなロジックによって生じるのです。

（長期平準型の解約返戻金ロジック）

　1．保険料の基本的な性質として、保険事故の可能性が高ければ保険料は高くなるというものがあります。

　2．したがって、同一の契約内容であっても、被保険者の年齢が高くなるほど保険料は高くなります。

　3．**保険期間を例えば被保険者年齢100歳までなどと、長いものとしておき、かつ、その保険期間の保険料は一定**という商品を作ったとします。

　4．すると、加入当初の若い年齢の期間における保険料は**割高**に設定されることとなります。

　5．この契約の保険料のうち、若い年齢の期間における割高の部分は**前払費用**にほかなりませんから、被保険者の年齢が高くなり、この割高の部分の保険料がなくなる（年齢相応の保険料が実際の保険料に追いつく）時点まではこの前払部分が積み上げられていくことになります。

　6．この割高の部分の保険料がなくなる時点までに解約すればこの部分のうち一定額が戻ってきます（解約返戻金）。

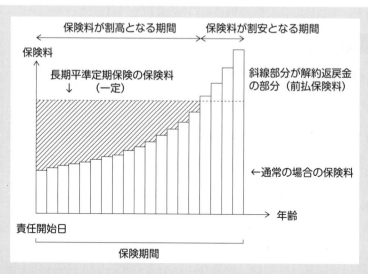

（逓増型の解約返戻金ロジック）

1. 保険料の基本的な性質として、保険事故の可能性が高ければ保険料は高くなるというものがあります。

2. したがって、同一の契約内容であっても、被保険者の年齢が高くなるほど保険料は高くなります。

3. この保険料の性質を利用して、**年齢が高くなるほど保険金額も高くなり、かつ、その保険期間の保険料は一定**という商品を作ったとします。

4. すると、ただでさえ年齢が高くなることに伴って高くなっていく保険料が保険金額まで大きくなる（逓増）わけですから、通常の場合の保険料は急カーブを描いて上昇することになります。

5. このような保障内容なのに保険料が一定となると、加入当初の保険料は**かなり割高**となります。

6. この割高な部分は前払費用にほかなりませんから、被保険者の年齢が高くなり、この割高の部分の保険料がなくなる（年齢相応の保険料が実際の保険料に追いつく）時点まではこの

　　前払部分が積み上げられていくことになります。

７．この割高の部分の保険料がなくなる時点までに解約すればこ
　　の部分のうち一定額が戻ってきます（解約返戻金）。

保険料

↑逓増定期
　保険の
　保険料
　↓(一定)

斜線部分が解約返戻金の部分
（前払保険料）

←通常の場合の保険料

（保障額が増えていくので保険料の上がり方が大きい）

→ 年齢

責任開始日

保険期間

　いずれも保険期間を通じて保険料を一定とすることにより、加入当初
の保険料について割高の部分を作り出し、これを解約返戻金の原資とし
ていることが分かります。

4　逓減型

　逓減型は、逓増型とは反対に、年齢を経るにつれ保険金額が小さくな
るという特徴があります。

　これは保険料の前払部分がないため、原則として解約返戻金はありま
せん。それゆえ、保険料は「支払保険料」として全額損金の額に算入さ
れます。

　借入金返済の備えとする場合など、必要保障額が年の経過とともに小
さくなっていく場合には保険期間における保険料総額を抑えることがで

きます。

【逓減型の仕組み図】

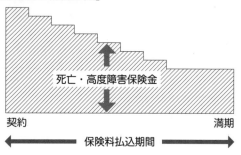

5 収入保障型

　収入保障型は、保険期間内に被保険者が亡くなった場合、残りの保険期間中、一定額が毎月遺族に支払われる生命保険です。

　これも原則として解約返戻金がないため、保険料は「支払保険料」として全額損金の額に算入されます。

【収入保障型の仕組み図】

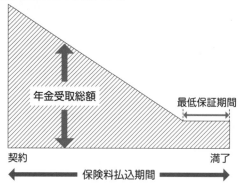

　以下、定期保険・第三分野保険の解約返戻金がないものを中心とした原則的取り扱いと保険料に多額の前払部分が含まれるものの取り扱いに分けて解説していきます。

2 原則的取り扱い

1 保険料の支払時

　定期保険は、保険期間が設定されており、その満了時までに保険事故が起きなかった場合には保険金が支払われませんし、満期返戻金や解約返戻金もありませんから、基本的に「生命保険会社に預金をしたと考え、資産計上される部分」はありません（保険配当が生命保険会社にストックされる場合には、その部分のみが「生命保険会社に預金をしたと考える資産計上」となる）。

(1) 保険金受取人がその法人である場合には、当該事業年度の負担に属する部分（短期前払費用として処理できるものを含む）は「支払保険料」となります。

　　このうち、解約返戻金がなく、保険料の払込期間が保険期間より短いものについては、その支払った保険料の中に前払部分がいくらか存在するのですが、**一被保険者についてその事業年度に支払った保険料の合計額が30万円以下**であれば、全額その事業年度の損金とすることができます。

(2) 保険金受取人が役員又は従業員の遺族である場合には、原則として上記（1）と同じ取り扱いになります。ただし、**役員など特定の人のみを被保険者としている場合には、「給与」として取り扱う**ことになりますから、注意が必要です。

2 保険事故の発生による保険金の受領時

(1) 保険金受取人がその法人である場合には、受領した保険金を益金算

入することになります。

（2）保険金受取人が役員又は従業員の遺族である場合には、保険料の支払時は期間経費又は給与として処理しており、保険金は法人に入ってこないことから、法人において処理することは特にありません。

| 通 | 達 | で取り扱いを確認！

（定期保険及び第三分野保険に係る保険料）

９－３－５　法人が、自己を契約者とし、役員又は使用人（これらの者の親族を含む。）を被保険者とする定期保険（一定期間内における被保険者の死亡を保険事故とする生命保険をいい、特約が付されているものを含む。以下９－３－７の２までにおいて同じ。）又は第三分野保険（保険業法第３条第４項第２号《免許》に掲げる保険（これに類するものを含む。）をいい、特約が付されているものを含む。以下９－３－７の２までにおいて同じ。）に加入してその保険料を支払った場合には、その支払った保険料の額（特約に係る保険料の額を除く。以下９－３－５の２までにおいて同じ。）については、９－３－５の２《定期保険等の保険料に相当多額の前払部分の保険料が含まれる場合の取扱い》の適用を受けるものを除き、次に掲げる場合の区分に応じ、それぞれ次により取り扱うものとする。

　（1）保険金又は給付金の受取人が当該法人である場合

　　その支払った保険料の額は、原則として、期間の経過に応じて損金の額に算入する。

　（2）保険金又は給付金の受取人が被保険者又はその遺族である場合

　　その支払った保険料の額は、原則として、期間の経過に応じて損金の額に算入する。ただし、役員又は部課長その他特定の

使用人（これらの者の親族を含む。）のみを被保険者としている場合には、当該保険料の額は、当該役員又は使用人に対する給与とする。

（注）1　保険期間が終身である第三分野保険については、保険期間の開始の日から被保険者の年齢が116歳に達する日までを計算上の保険期間とする。

2　(1) 及び (2) 前段の取扱いについては、法人が、保険期間を通じて解約返戻金相当額のない定期保険又は第三分野保険（ごく少額の払戻金のある契約を含み、保険料の払込期間が保険期間より短いものに限る。以下9－3－5において「解約返戻金相当額のない短期払の定期保険又は第三分野保険」という。）に加入した場合において、当該事業年度に支払った保険料の額（一の被保険者につき2以上の解約返戻金相当額のない短期払の定期保険又は第三分野保険に加入している場合にはそれぞれについて支払った保険料の額の合計額）が30万円以下であるものについて、その支払った日の属する事業年度の損金の額に算入しているときには、これを認める。

3 例外的取り扱い
~保険料に相当多額の前払部分が含まれている場合

　令和元年6月28日の通達改正までは、長期平準定期保険や逓増定期保険など解約返戻率（解約返戻金÷解約時までに払い込んできた保険料の総額）が高いにもかかわらず、保険料の相当部分が損金算入できる商品（保険料に前払部分が含まれており、金融資産性が高いといえるもの）が次々と開発・発売され、それに後追いする形で通達が改正されるといった、いわば、いたちごっこが生命保険会社と国税庁との間で長く繰り広げられてきました。

　このいたちごっこの原因が、定期保険や第三分野保険の種類ごとに個別に取り扱いを決めていたからだということになり、定期保険と第三分野保険を統合して考えることとした上で、解約返戻率に応じて保険料の取り扱いを定めることとしたのです。

　これにより、高い解約返戻率にもかかわらず保険料の相当部分が損金算入されていた商品については、その種類を問わず、すべて同じ取り扱いをすることになり、いったんの解決を見たのです。

■ 何故、保険料に相当多額の前払部分が含まれていると問題なのか？

　定期保険は掛け捨て保険なので、保険期間の満了までに保険事故が起きなかった場合、保険金は全く支払われません。したがって、保険料に前払部分が入っていようがいまいが、保険事故が起きた時、又は保険期間の満了時まで保険料を支払い続ければトータルの損益には影響がないと考える向きもあることでしょう。

　しかし、これまでいたちごっこが繰り返されてきた経緯を見ると、税務当局がこのような定期保険に相当な問題意識を抱いているのは明白です。

　では、なぜ保険料に相当多額の前払部分が含まれていると問題なのでしょうか？

　それは、**保険期間の中途で解約した場合、相当額の解約返戻金がある**ためです。

　この解約返戻金はいわば、生命保険会社に預金をしているようなもので、資産性があるのです。ところが、定期保険の保険料という隠れみのを使ってしれっと損金算入されたのでは、**経費になる貯金**を認めているようなものです。

　しかも、生命保険会社も堂々とそれを売り文句に使い、契約者も解約前提で「経費になる貯金」を買い求めたがるとあって、税務当局も行き過ぎと判断したのでしょう。

　しかし、実際の前払部分は毎年変動するため、すべての法人契約についてこれを契約者が把握するということは非現実的です。そこで、これまでは割り切り的に2分の1損金とか3分の1損金などとして取り扱ってきたのですが、**損金算入部分が相当認められるにもかかわらず解約返戻率が極めて高い、いわゆる「節税保険」が散見される**ため、令和元年6月28日の通達改正に至ったのです。

　このような定期保険の税務処理について、この通達改正を経た今、どのような取り扱いとなっているのかを確認してみましょう。

2 保険料の支払時

(1) この例外的取り扱いの対象となるもの

　次のすべての要件を満たす定期保険となります。

① 法人が契約者、役員又は使用人（または、これらの親族）が被保険者であること
② **保険期間が3年以上であること**
③ **保険期間を通した最高解約返戻率が50%を超えるもの**であること
④ 給与として処理されるものでないこと

(2) 保険料支払時の処理

保障期間を**「資産計上期間」「据置期間」「取崩期間」**の３つに分けます。

その上で、「資産計上期間」では保険料のうち一定額を「長期前払保険料」とし、残額を「支払保険料」とします。

「据置期間」では、この期間に支払った保険料は全額「支払保険料」とし、それまでに「長期前払保険料」として処理してきた部分をそのままとしておきます。

さらに「取崩期間」では、この期間に支払った保険料を全額「支払保険料」とするとともに、「長期前払保険料」を残りの保障期間で均等に「支払保険料」として取り崩し、経費処理（損金算入）します。

これらの取り扱いについては、最高解約返戻率によって取り扱いが次のように異なります。

① **最高解約返戻率が 50% 超 70% 以下の場合**
- 保険期間開始後、**前半 40% の期間**（資産計上期間）
    4 割資産計上（6 割損金）となります。
    （※）一被保険者についてその事業年度に支払った保険料の合計額が 30 万円以下であれば、全額その事業年度の損金とすることができます。
- 保険期間開始後、前半 40 〜 75% の期間（据置期間）
    この間に支払った保険料は全額損金です（前半 40%の期間に資産計上を行ってきたものはそのまま）。
- その後の期間（取崩期間）
    この間に支払った保険料は全額損金で、さらに前半 40% の期間に資産計上を行ってきたものについては、均等額をそれぞれ損金の額に算入します。

【保険料の処理例】

　保険期間 50 年、年払保険料 1,000、最高解約返戻率 60% の定期保険の場合

1 「資産計上期間」「据置期間」「取崩期間」の把握

　資産計上期間は 50 年× 40% ＝ 20 年（年未満の端数は月で計算し、月未満の端数は**切り捨て**；納税者有利）、据置期間は 50 年× 35% ＝ 17.5 年、取崩期間は 50 年× 25% ＝ 12.5 年（年未満の端数は月で計算し、月未満の端数は**切り上げ**；納税者有利）

2 「資産計上期間」の保険料の処理⇒加入時から 20 年経過時まで

　　（借）長期前払保険料　　400　　　（貸）現預金　　1,000
　　　　　支払保険料　　　　　600

3 「据置期間」の保険料の処理⇒20 年経過時から 37 年 6 カ月経過時まで

　　（借）支払保険料　　1,000　　　（貸）現預金　　1,000

4 「取崩期間」の保険料の処理⇒37 年 6 カ月経過時から保険期間終了時まで

　（イ）支払っている保険料について

　　（借）支払保険料　　1,000　　　（貸）現預金　　1,000

　（ロ）「資産計上期間」に積み立ててきた資産部分について

　　（借）支払保険料　　640　　　（貸）長期前払保険料　　640 ★

　　　　★・資産計上総額　　400 × 20 年＝ 8,000
　　　　　・1 年あたりの取崩額　　8,000 ÷ 12.5 年＝ <u>640</u>
　　　　　（取崩期間の初年度は 320）

---

② **最高解約返戻率が 70% 超 85% 以下の場合**

　・ 保険期間開始後、**前半 40% の期間**（資産計上期間）

　　　6 割資産計上（4 割損金） となります。

　・ 保険期間開始後、前半 40 〜 75% の期間（据置期間）

　　　この間に支払った保険料は全額損金です（前半 40％の期間

に資産計上を行ってきたものはそのまま)。

・ その後の期間 (取崩期間)

　　この間に支払った保険料は全額損金で、さらに前半 40% の期間に資産計上を行ってきたものについては、均等額をそれぞれ損金の額に算入します。

【保険料の処理例】

　保険期間 50 年、年払保険料 1,000、最高解約返戻率 80% の定期保険の場合

1 「資産計上期間」「据置期間」「取崩期間」の把握

　　上記①の処理例同様、資産計上期間は 20 年、据置期間は 17.5 年、取崩期間は 12.5 年

2 「資産計上期間」の保険料の処理⇒加入時から 20 年経過時まで

　　(借) 長期前払保険料　600　　　(貸) 現預金　1,000
　　　　 支払保険料　　　　400

3 「据置期間」の保険料の処理⇒20 年経過時から 37 年 6 カ月経過時まで

　　(借) 支払保険料　1,000　　 (貸) 現預金　1,000

4 「取崩期間」の保険料の処理⇒37 年 6 カ月経過時から保険期間終了時まで

(イ) 支払っている保険料について

　　(借) 支払保険料　1,000　　 (貸) 現預金　1,000

(ロ) 「資産計上期間」に積み立ててきた資産部分について

　　(借) 支払保険料　960　　 (貸) 長期前払保険料　960 ★

　　　★・資産計上総額　600 × 20 年＝ 12,000

　　　　・1 年あたりの取崩額　12,000 ÷ 12.5 年＝ 960

　　　　 (取崩期間の初年度は 480)

---

③ 最高解約返戻率が85%超の場合

　基本的なことは上記①②と同様なのですが、最高解約返戻率が極めて高いこのカテゴリーでは、**「資産計上期間」を保険期間開始後10年の期間とその後最高解約返戻率となる期間に達するまでの期間（例外あり）に2分割し、さらに資産計上額については最高返戻率を使って計算する**ことになっています。

　なお、据置期間は**最高解約返戻金額となる期まで**となります。

イ　原則

・ 保険期間開始後、最高解約返戻率となる事業年度終了までの期間（この期間が5年未満の場合には5年間、保険期間が10年未満の場合には保険期間の2分の1の期間）

　≪当初10年間≫支払保険料×最高解約返戻率×90%を資産計上し、残りが損金となります。ここに該当するもののうち最高解約返戻率が最も低い85.1%の商品の場合、23.41%損金（76.59%資産計上）となります。

　≪当初11年目以降≫支払保険料×最高解約返戻率×70%を資産計上し、残りが損金となります。ここに該当するもののうち最高解約返戻率が最も低い85.1%の商品の場合、40.43%損金（59.57%資産計上）と、ほぼ4割損金となります。

・ 最高解約返戻率となった事業年度の翌事業年度から最高解約返戻金額となる事業年度までの期間

　この期間は据置期間となるため、支払った保険料は全額損金とするだけです（資産計上期間に資産計上を行ってきたものはそのまま）。

・ その後の期間

　この間に支払った保険料は全額損金で、さらに資産計上を行ってきたものについては、均等額をそれぞれ損金の額に算入します。

□　最高解約返戻率となる期間経過後において、「(当年度の解約返戻金額－前年度の解約返戻金額)／年換算保険料額」(これを「解約返戻金増加割合」と呼ぶことにします)が70%超となる期間がある場合

・　保険期間開始後、最後に解約返戻金増加割合が70%超となる事業年度終了までの期間(この期間が5年未満の場合には5年間、保険期間が10年未満の場合には保険期間の2分の1の期間)

　　≪当初10年間≫支払保険料×最高解約返戻率×90%を資産計上し、残りが損金となります。

　　≪当初11年目～最後に解約返戻金増加割合が70%超となる期≫支払保険料×最高解約返戻率×70%を資産計上し、残りが損金となります。

・　最後に解約返戻金増加割合が70%となった事業年度の翌事業年度から最高解約返戻金額となる事業年度までの期間

　　この期間は据置期間となるため、支払った保険料は全額損金とするだけです(資産計上期間に資産計上を行ってきたものはそのまま)。

・　その後の期間

　　この間に支払った保険料は全額損金で、さらに資産計上を行ってきたものについては、均等額をそれぞれ損金の額に算入します。

【保険料の処理例】

保険期間50年、年払保険料1,000、最高解約返戻率90%の定期保険（最高解約返戻率となった後に解約返戻金増加割合が70%超となる期間あり）の場合

1 「資産計上期間」「据置期間」「取崩期間」の把握

これについては、計算が難しいため実務上は生命保険会社に確認することになるでしょう。

ここでは、「資産計上期間」の前半が10年、後半が18年、「据置期間」が15年、「取崩期間」が7年とします。

2 「資産計上期間・前半」の保険料の処理⇒加入時から10年経過時まで

◆資産計上額＝ 1,000 × 90% × 90% ＝ 810

（借）長期前払保険料　810　　（貸）現預金　1,000
　　　支払保険料　　　190

3 「資産計上期間・後半」の保険料の処理⇒10年経過時から28年経過時まで

◆資産計上額＝ 1,000 × 90% × 70% ＝ 630

（借）長期前払保険料　630　　（貸）現預金　1,000
　　　支払保険料　　　370

4 「据置期間」の保険料の処理⇒28年経過時から43年経過時まで

（借）支払保険料　1,000　　（貸）現預金　1,000

5 「取崩期間」の保険料の処理⇒43年経過時から保険期間終了時まで

（イ）支払っている保険料について

（借）支払保険料　1,000　　（貸）現預金　1,000

（ロ）「資産計上期間」に積み立ててきた資産部分について

（借）支払保険料　2,777　　（貸）長期前払保険料　2,777 ★
　　★・資産計上総額　810 × 10年＋ 630 × 18年＝ 19,440
　　　・1年あたりの取崩額　19,440 ÷ 7年＝ <u>2,777</u>

❸ 保険事故の発生による保険金の受領時

（1）保険金受取人がその法人である場合には、受領時の資産計上額（長期前払保険料＋保険積立金）を全額取り崩し、受領した保険金との差額を雑収入として益金算入することになります。

【仕訳例】
◆保険金 1,000 を受領した場合（長期前払保険料 750、保険積立金 20）
（借）現預金　1,000　（貸）長期前払保険料　750
　　　　　　　　　　　　　保険積立金　20
　　　　　　　　　　　　　雑収入（課税対象外）230

（2）保険金受取人が役員又は従業員の遺族である場合には、保険料の支払時は期間経費又は給与として処理しており、保険金は法人に入ってこないことから、法人において処理することは特にありません。

❹ 解約返戻金の受領時

（1）保険金受取人がその法人である場合には、受領した解約返戻金と資産計上されている額との差額を雑収入又は雑損失として処理することになります。

（2）保険金受取人が役員又は従業員の遺族である場合には、解約返戻金は契約者たる法人に対して支払われますが、それまでに支払ってきた保険料は役員又は従業員に対する給与として処理されており、資産計上部分はありませんから、受領額全額を益金算入することになります。

【仕訳例】
◆解約返戻金 300 を受領した場合
（借）現預金　300　（貸）雑収入（課税対象外）　300

通 達 で取り扱いを確認！

（定期保険等の保険料に相当多額の前払部分の保険料が含まれる場合の取扱い）

　　9－3－5の2　法人が、自己を契約者とし、役員又は使用人（これらの者の親族を含む。）を被保険者とする保険期間が3年以上の定期保険又は第三分野保険（以下9－3－5の2において「定期保険等」という。）で最高解約返戻率が50％を超えるものに加入して、その保険料を支払った場合には、当期分支払保険料の額については、次表に定める区分に応じ、それぞれ次により取り扱うものとする。

　　ただし、これらの保険のうち、最高解約返戻率が70％以下で、かつ、年換算保険料相当額（一の被保険者につき2以上の定期保険等に加入している場合にはそれぞれの年換算保険料相当額の合計額）が30万円以下の保険に係る保険料を支払った場合については、9－3－5の例によるものとする。

（1）当該事業年度に次表の資産計上期間がある場合には、当期分支払保険料の額のうち、次表の資産計上額の欄に掲げる金額（当期分支払保険料の額に相当する額を限度とする。）は資産に計上し、残額は損金の額に算入する。

　　（注）当該事業年度の中途で次表の資産計上期間が終了する場合には、次表の資産計上額については、当期分支払保険料の額を当該事業年度の月数で除して当該事業年度に含まれる資産計上期間の月数（1月未満の端数がある場合には、その端数を切り捨てる。）を乗じて計算した金額により計算する。また、当該事業年度の中途で次表の資産計上額の欄の「保険期間の開始の日から、10年を経過する日」が到来する場合の資産計上額についても、同様とする。

（2）当該事業年度に次表の資産計上期間がない場合（当該事業年

度に次表の取崩期間がある場合を除く。）には、当期分支払
保険料の額は、損金の額に算入する。

(3) 当該事業年度に次表の取崩期間がある場合には、当期分支払
保険料の額（（1）により資産に計上することとなる金額を
除く。）を損金の額に算入するとともに、（1）により資産に
計上した金額の累積額を取崩期間（当該取崩期間に1月未
満の端数がある場合には、その端数を切り上げる。）の経過
に応じて均等に取り崩した金額のうち、当該事業年度に対応
する金額を損金の額に算入する。

区分	資産計上期間	資産計上額	取崩期間
最高解約返戻率50%超70%以下	保険期間の開始の日から、当該保険期間の100分の40相当期間を経過する日まで	当期分支払保険料の額に100分の40を乗じて計算した金額	保険期間の100分の75相当期間経過後から、保険期間の終了の日まで
最高解約返戻率70%超85%以下		当期分支払保険料の額に100分の60を乗じて計算した金額	
最高解約返戻率85%超	保険期間の開始の日から、最高解約返戻率となる期間（当該期間経過後の各期間において、その期間における解約返戻金相当額からその直前の期間における解約返戻金相当額を控除した金額を年換算保険料相当額で除した割合が100分の70を超える期間がある場合には、その超えることとなる期間）の終了の日まで（注）上記の資産計上期間が5年未満となる場合には、保険期間の開始の日から、5年を経過する日まで（保険期間が10年未満の場合には、保険期間の開始の日から、当該保険期間の100分の50相当期間を経過する日まで）とする。	当期分支払保険料の額に最高解約返戻率の100分の70（保険期間の開始の日から、10年を経過する日までは、100分の90）を乗じて計算した金額	解約返戻金相当額が最も高い金額となる期間（資産計上期間がこの表の資産計上期間の欄に掲げる（注）に該当する場合には、当該（注）による資産計上期間）経過後から、保険期間の終了の日まで

（注）1 「最高解約返戻率」、「当期分支払保険料の額」、「年換算保険料相当額」及び「保険期間」とは、それぞれ次のものをいう。

　　　イ　最高解約返戻率とは、その保険の保険期間を通じて解約返戻率（保険契約時において契約者に示された解約返戻金相当額について、それを受けることとなるまでの間に支払うこととなる保険料の額の合計額で除した割合）が最も高い割合となる期間におけるその割合をいう。

　　　ロ　当期分支払保険料の額とは、その支払った保険料の額のうち当該事業年度に対応する部分の金額をいう。

　　　ハ　年換算保険料相当額とは、その保険の保険料の総額を保険期間の年数で除した金額をいう。

　　　ニ　保険期間とは、保険契約に定められている契約日から満了日までをいい、当該保険期間の開始の日以後1年ごとに区分した各期間で構成されているものとして本文の取扱いを適用する。

　　2　保険期間が終身である第三分野保険については、保険期間の開始の日から被保険者の年齢が116歳に達する日までを計算上の保険期間とする。

　　3　表の資産計上期間の欄の「最高解約返戻率となる期間」及び「100分の70を超える期間」並びに取崩期間の欄の「解約返戻金相当額が最も高い金額となる期間」が複数ある場合には、いずれもその最も遅い期間がそれぞれの期間となることに留意する。

　　4　一定期間分の保険料の額の前払をした場合には、その全額を資産に計上し、資産に計上した金額のうち当該事業年度に対応する部分の金額について、本文の取扱いによることに留意する。

　　5　本文の取扱いは、保険契約時の契約内容に基づいて適用するのであるが、その契約内容の変更があった場合、保険期間のうち当該変更以後の期間においては、変更後の契約内容に基づいて9－3－4から9－3－6の2の取扱いを適用する。

　　　なお、その契約内容の変更に伴い、責任準備金相当額の過不足の精算を行う場合には、その変更後の契約内容に基づいて計算した資産計上額の累積額と既往の資産計上額の累積額との差額につ

いて調整を行うことに留意する。

6　保険金又は給付金の受取人が被保険者又はその遺族である場合であって、役員又は部課長その他特定の使用人（これらの者の親族を含む。）のみを被保険者としているときには、本文の取扱いの適用はなく、9－3－5の（2）の例により、その支払った保険料の額は、当該役員又は使用人に対する給与となる。

4 この章のまとめ

❶ 定期保険は**掛け捨て保険**なので、解約返戻金がないものについては、支払った保険料（当期対応分；30万円基準あり）は全額「支払保険料」で処理し、受領した保険金は全額「雑収入（課税対象外）」で処理することになる

❷ 定期保険の中には保障期間を長く設定し、又は、保障期間の経過とともに保険金額を逓増させ、保障期間を通して保険料は一定とすることにより一定期間まで保険料の前払部分を発生させ、解約返戻金のあるものがあるため、この保険料の処理が問題となる

❸ 特に、保険期間が3年以上で、最高解約返戻率が50％超となるものについては、「給与」とされるものを除き、保険料の中に「長期前払保険料」の部分が発生する

❹ この場合、保障期間を「資産計上期間」「据置期間」「取崩期間」の3つに分け、「資産計上期間」においては、保険料の一部を「長期前払保険料」とし、「据置期間」においては、「長期前払保険料」残高には触れずに、支払った保険料は全額「支払保険料」とし、「取崩期間」においては、支払った保険料を全額「支払保険料」として処理した上で、「長期前払保険料」残高を均等に「支払保険料」に振り替えることになる

❺ 最高解約返戻率が50％超70％以下の場合、保険期間開始後、前半40％の期間を「資産計上期間」とし、保険料の4割を「長期前払保険料」とする（30万円基準あり）。保険期間開始後、前半40〜75％

137

の期間を「据置期間」とし、この後の期間を「取崩期間」とする

❻ 最高解約返戻率が 70% 超 85% 以下の場合、保険期間開始後、前半 40% の期間を「資産計上期間」とし、保険料の 6 割を「長期前払保険料」とする。

❼ 最高解約返戻率が 85% 超の場合、基本的には上記❺❻と同様であるが、「資産計上期間」を保険期間開始後 10 年の期間とその後最高解約返戻率となる期間に達するまでの期間（例外あり）に 2 分割し、さらに資産計上額については最高返戻率を用いて計算することになっている（当初 10 年は最高解約返戻率× 90% を、11 年以降は最高解約返戻率× 70% がそれぞれ資産計上割合となる）。**「据置期間」は最高解約返戻金額となる期**までとなる

❽ 最高解約返戻率となる期間経過後において解約返戻金増加割合が 70% 超となる期間がある場合には、**「据置期間」は最後に解約返戻金増加割合が 70% となった事業年度の翌事業年度から最高解約返戻金額となる事業年度までの期間**までとなる

第7章

法人契約の生命保険
加入の目的

1 法人契約で生命保険に加入する 3つの目的

　法人契約で生命保険に加入することは、法人の事業継続を考えた場合、極めて通常の行為です。しかし、生命保険の保険料の取り扱いについては、定期保険（掛け捨て保険）でありながら実質的には貯蓄性のあるものもかなり広く普及しており、租税回避的な意味合いで加入されているものも散見されます。

　法人契約の生命保険の加入目的は節税ではありません。これは間違ってはならないところです。

　ここでは、法人契約の生命保険の加入目的を3つに絞ってまとめておきたいと思います。

■ 法人の生命保険の加入目的を聞かれ、「節税」と答えたらどうなるのか？

　本題に入る前に、このことについて考えてみましょう。税務調査の時に保険料の一部又は全部が損金となる生命保険契約について、加入目的を尋ねられたらどう答えますか？

　保険料の一部又は全部が損金となる生命保険契約ということですから、定期保険か養老保険なのでしょう。これらの加入の際、生命保険会社の人に「保険料が損金になりますから、その分、節税にもなりますよ」などと言われて加入したのかもしれません。

　が、正直にその旨を言ってしまうと調査官の態度が硬化しかねません。というのは、租税回避行為で加入したということをこちらから言っているようなものだからです。

参考

脱税・節税・租税回避行為って何？

　皆さんはお客様に「節税と脱税の線引きって、どこにあるの？」と尋ねられたらどう答えますか？　私もお客様に話のネタとしてこの質問をすることがありますが、中には「バレたら脱税、バレなかったら節税」などとおっしゃる方もいらっしゃいます。当然、そんなことはありません。

　ここで、脱税、節税、そして租税回避行為について認識を明確にしておきましょう。

① 脱税

　課税対象となるものを**隠す**ことです。売上除外や架空経費によって所得を隠せば法人税や所得税の脱税ですし、課税売上の除外や架空課税仕入れによると消費税の脱税ですし、遺産を隠せば相続税の脱税です。

　もちろん、違法であることは言うまでもありません。

② 租税回避行為

　例えば、社長が、自分の会社が所有している不動産物件を借りて、会社とは別に個人で事業を営んでいるとします。その家賃は月20万円くらいが相場のところ、その社長は月300万円を自社に家賃として支払っています。

　不動産賃貸契約書も公正証書で作成しており、その通りにお金を支払っているのですが、この行為は税務上、認められるのでしょうか？

　どうしてこういった取引としたのかを考えてみると、高い超過累進税率が適用される社長の所得税負担を軽減したいのでしょう。そこで、社長個人の必要経費を多く計上できれば社長の所得

税負担が小さくなります。一方、会社の益金となるその家賃収入には比例税率が適用されますし、繰越欠損金があれば法人税の負担はもっと小さくなるでしょう。つまり、会社と個人を合わせた税負担が軽減されるのです。

こういった行為を認めてしまうと、**不動産物件を持っている同族会社を所有している個人とそうでない個人の間に課税の不公平が生じてしまいます**。これでは税の信頼にかかわるため、不動産賃貸契約自体を無効とするわけではないけれども、この月300万円のうち、20万円しか必要経費として認めないという措置がとられるのです。

このように、行為そのものは違法ではないけれども、**行為の目的が税負担の軽減にしかない行為**を租税回避行為といいます。こういった行為は通常とは異なるところに目的があるため、極めて不自然な（目立つ）取引となります。

③ 節税

これも事例で説明しましょう。

運送業を営む3月末決算法人が3月29日に新車のトラックを購入して稼働を開始しました。この事業年度においてはわずか3日しか稼働していないのですが、この設備について通常の減価償却（1か月分）のほか、取得価額の30%の特別償却費を損金の額に計上しました。

これは架空経費で所得を隠しているわけではないため、脱税には当たりません。また、3日間とはいえ、通常の事業の用に供しており、不自然な取引ではありませんから、租税回避行為でもありません。

このように、**租税負担の軽減以外の本来の目的のために行われており、結果として税負担が小さくなるもの**を節税といいます。

　さて、いかがでしょうか？　法人の生命保険の加入目的について「税金が安くなるから加入したのです」などといってしまうと、調査官の脳裏には租税回避行為という言葉が浮かんでしまうのです。

　このため、法人の生命保険の加入目的は本来の目的のためであり、**結果として税負担が小さくなっている**のだというところに持っていく必要があるのです。次の３つのうちいずれかに目的を置いて加入すると、税務調査において加入目的を尋ねられても無理なく説明できるでしょう。

② 法人の生命保険加入の目的１〜経営者亡き後の当面の損失の穴埋めとして

　法人の生命保険加入の目的はさまざまありますが、最も大きいのは、経営者亡き後に発生が予想される当面の損失の穴埋めです。

　一般的に、社長が亡くなると、経営は不安定になります。対外的には、取引先の信用が著しく低下します。

　取引先の身になって考えるとよく分かるのですが、これまでは社長を信用して取引を行っていたわけです。得意先であれば、きちんと納期通りに物を納めてくれる、自社がピンチのときに無理をいっても応じてくれる、支払いを延ばしてほしいとお願いをしたときに嫌な顔ひとつせずに承諾してくれるなどの「実績」があるのです。

　それが、最大かつ最終の司令塔が亡くなってしまうと、「本当にこれまで通りの付き合いをしてもらえるんだろうか？」と不安になるのは想像に難くないでしょう。そのような懸念が払拭できないと判断されると、最悪、取引が縮小してしまい、会社は苦境に陥るかもしれません。

　対内的には、最終決定権者が亡くなったということの大きさは計り知れません。これは、生前、きちんと後継者を育て、社長職を後継者に譲っていたとしても、経営を完全に退いていない限りは社内に多かれ少なかれ悪影響があることでしょう。

　こういった状態では、社内の生産性が一時的にせよ、低下する可能性

が高いといえるでしょう。このことによりコスト高となり、会社の経営を圧迫してしまいます。

　このような事情から、経営者が亡くなるとまとまった損失が発生することが多いため、それを補うために生命保険に加入するという手段が採られるのです。

３ 法人の生命保険加入の目的２〜経営者亡き後の借入金の返済原資として

　社長が亡くなると、金融機関はどのように考えるのでしょうか？

　これまでは、相当規模の設備投資を行う英断を下したときや会社が一時的に苦しくなったときなどに資金要請があり、それに応じる形で融資を行ってきたわけですが、それを遅滞なく返済してきたという実績があるのです。

　それが、最大かつ最終の司令塔が亡くなってしまうと、他の取引先同様、「本当にこれまで通りの付き合いをしてもらえるんだろうか？」と不安になってしまうのです。

　しかも、経営者亡き後はしばらく経営が不安定になることが多いですから、そういった状態でこれまで通り返済をしていかなければならないとなると、資金的に苦しくなることは目に見えています。かといって、条件変更を申し出れば、その後の金融機関との間の関係性・信頼性に悪影響を及ぼしかねません。

　このように、社長亡き後も約定通り返済を遂行するため、というのも法人が生命保険に加入する大きな目的となります。

４ 法人の生命保険加入の目的３〜経営者亡き後の遺族の生活資金原資として

　会社の運営は経営者亡き後も連綿と続くのですが、遺族の生活も同様です。これまでは大黒柱たる社長の役員報酬などを生活の糧としてきた

のにそれがなくなってしまうと、最悪、遺族は路頭に迷うことになってしまいます。

　そこで、会社は生前の貢献に対して謝意を表すために役員退職金や弔慰金を遺族に支払うことになります。これが遺族の今後の生活費に充てられることになるのですが、経営不安定で借入金もこれまで通り返済がある中でこのようなまとまった支出があるとなると、やはり生命保険でカバーしなければ資金が出てこないというケースがほとんどでしょう。

　法人の生命保険の加入理由の3つ目には、経営者の遺族に対して役員退職金や弔慰金を支払う資金を準備するため、ということを挙げておきます。

参考

役員の死亡退職金と弔慰金の取り扱い

1　死亡退職金と弔慰金の違い

　まず、死亡退職金と弔慰金の違いを明確にしてみましょう。

　役員、使用人を問わず、**退職金は退職時に支払われる給料の後払い分**といわれています。退職金は終身雇用制度が長く続いてきた我が国で独自に発展してきた制度で、江戸時代、使用人が独立開業する際に親方が渡した「のれん分け代」を起源とする説があります。もっとも、海外では年金制度が中心で、退職時に一時金を渡すという習慣はあまりないようです。

　いずれにせよ、退職金は給与の後払いとしての性質を有することから、生前に支払われれば本人の今後の生活の糧として、死亡後に支払われれば**遺族の今後の生活の糧として贈られるもの**ということになります。

　これに対し、**弔慰金は「お悔み代」**であり、故人の功労に報いる意味合いが込められています。香典に似ていますが、贈る相手や時

期、目的に違いがあります（香典は葬儀などの参加時に故人の霊前に供えることにより喪主に贈るものであり、弔慰金は落ち着いてから遺族を慰めるため遺族に贈るもの）。

2　弔慰金の取り扱い

このような性質から、**弔慰金は支払った法人側では損金、収受した遺族側では所得税、相続税とも非課税**です。ただし、青天井で非課税ということになると課税の公平が保てなくなる可能性がありますから、法人税においては、社会通念上相当と認められる金額まで、相続税においては、業務中死亡の場合には死亡時の給与月額（賞与は含まない）の36カ月分まで、業務外死亡の場合には同じく6カ月分まで<u>とされており、それらを超える部分の金額は死亡退職金として取り扱うこととされています（相続税法基本通達3-20）。

3　死亡退職金の取り扱い

死亡退職金は法人においては、基本的に損金、相続税においてはみなし相続財産として非課税限度額を超える部分の金額に課税が行われます。また、死亡退職金は所得税及び住民税において非課税となっているため、源泉徴収及び特別徴収は不要です。

まず、法人税の取り扱いですが、役員に対する退職金については過大役員給与の損金不算入の規定が働きますから、不相当に高額な部分の金額は損金の額に算入されません（流出加算項目）。この不相当に高額な部分の金額についてはしばしば問題となるところですが、「その役員の最終月額報酬×役員としての在職年数×功績倍率」で求められる功績倍率法が用いられることが多いようです。

相続税の取り扱いについては、民法上の遺産には該当しないながらも、故人が現金を遺して亡くなられたのと同様の経済効果が遺族に及ぶため、みなし相続財産として課税されます。この場合、「500万円×相続人の数」で求められる非課税限度額があるため、この限

度額を超える部分の金額のみ課税価格に算入されることになります。なお、この非課税限度額は、もう一つのみなし相続財産である生命保険金とは別枠となっています。

参考

逓増定期保険の加入目的を調査官に問われた場合

　定期保険と第三分野保険のところで逓増定期保険の仕組みを紹介しました。

　逓増定期保険は、定期保険のうち、被保険者の年齢が上がるにつれ保険金額も大きくなるにもかかわらず、保険料は保険期間を通じて一定ですから、加入からしばらくの間は比較的大きな保険料の前払部分が生じることになります。

　この前払部分は長期平準型よりも加入当初の積み上がり方が大きいため、役員が退職する数年前から加入しても短期間で解約返戻率が上がっていきますから、令和元年6月28日の通達改正以前においては、各事業年度において損金を計上しつつ、退職金の備えとするのによく使われていました。

　さて、この逓増定期保険ですが、令和元年7月8日より前に契約したものは従前通り2分の1損金や3分の1損金などが認められます。これについて、税務調査の際、調査官から「社長が会社契約のこの逓増定期保険に加入した理由を教えてください」と質問されたらどう答えますか？

　「退職金の準備のため、税効果も考えた結果、この契約に至りました」などと答えると、税金が安くなるから有利なこの契約をしたと伝わってしまい、租税回避的な印象を与えかねません。

　年配になってから加入し、しかも、引退近くまで保険金額が上が

147

り続ける生命保険契約の合理的な加入理由って、どのように考えればいいのでしょうか？

　やはり、税以外の本来の事業のため、というところに目的があり、結果として税負担が小さくなっているのだというところにもっていく必要があります。

　このことについて、カリスマ税理士の井上得四郎先生にお聞きしたことがあります。

　先生曰く、「社長の引退数年前と思われる時期に生命保険に加入したのは、やはり社長の顔で事業が成り立っているからであり、年々経営環境が厳しくなる中、社長の責任は当然に年々重くなっています。ということは、**社長に万が一のことがあったら今年より来年、来年より再来年の方が会社経営のダメージが大きくなるわけで**すから、保障額も大きくなる保険に加入したんですよ、と説明することになるでしょうね」とのことでした。

　さすが井上先生。妙に納得させられたのを思い出します。

2 社長が被保険者の生命保険契約の保険金額ってどう決める？

　さて、法人の生命保険加入の目的を確認したところで、次は社長を被保険者として加入する生命保険契約の保険金額をいくらにするかということについて考えてみましょう。

　生命保険会社のCMやHPを見ていると、しばしば、「必要保障額」という言葉に出くわします。この必要保障額については、実にさまざまな考え方があり、これが正解、ということはないというか、いくつも正解があるというテーマなのかもしれません。

　ここでは、私なりの必要保障額の算定方法をご紹介します。

1 計算の前提を作る

　必要保障額の計算は社長の年齢や会社の業績などによって日々刻々と変わるのが現実であり、今時点の必要保障額が10年後、20年後のそれと同額になるということはないのが普通です。しかし、それをあまりにも意識しすぎると必要保障額の計算はできませんので、ある程度の割り切りが必要となります。

　そこで、必要保障額の計算の前提を作っておくことにしましょう。なお、保険の見直しを行う際には必要保障額を改めて計算することになりますが、その時に前提が変わることもあります。

(1) 社長の仕事をし続ける限界年齢

　必要保障額の計算は、社長に万が一のことがあったときのための備えがいくら必要かということを把握することにほかなりません。

　しかし、後継者を予定するしないにかかわらず、社長もいつまでも

社長の仕事をし続けるというわけにはいかず、万が一のことがなかったとしても、いつかはその職を辞する時がきます。

そのため、必要保障額の算定上は、最長でここまで、という年齢を決めておく必要があるのです。

(2) 適用する法人税率

法人が保険金受取人となっている生命保険契約の保険金は当然、法人税等が課されます。

必要保障額を算定するにあたっては、この法人税等の分だけ目減りしますから、この目減り分をオンして計算する必要があるのです。法人税等の税率はそれこそ、未来のことであり、全く分からないので、現行のものを適用するしかないでしょう。

しかし、法人税等の場合に問題となるのは、表面税率を適用するのか実効税率を適用するのかということです。保険金の受領は現社長においては１度だけということや、法人事業税の損金算入による効果は翌事業年度まで待たなければならないことを考えると、実効税率を適用するのは適切ではなく、**表面税率を適用するのがいい**と思います。

参 考

表面税率と実効税率

　所得税や相続税においては超過累進税率が適用されるため、限界税率や平均税率などがシミュレーションに用いられることがありますが、法人税等は中小企業者等の税率軽減があるとはいえ、基本的に比例税率が適用されますから、限界税率＝平均税率となり、そんなに難しい話にはなりません。

　しかし、法人の所得には法人事業税が課され、しかもその税額が翌事業年度の損金の額に算入されるため、均(なら)して考えるとその分の法人税等が小さくなりますから、単に法人税、法人事業税、法人住民税の税率を合計したものよりは負担が少なくなります。

　この法人税、法人事業税、法人住民税の税率を単に合計したものを**「表面税率」**と呼びます。設立第一期目などの所得金額に対して課される法人税等については表面税率を適用した税額が負担すべき税額になります。

　表面税率＝法人税率＋法人事業税率＋法人税率×（地方法人税率
　　　　　＋法人住民税率）

　一方、法人事業税の損金算入による税額減少の影響をも加味したものを**「実効税率」**といい、次の計算式で表されます。

　実効税率＝表面税率÷（1＋事業税率）

　これは、複数の事業年度を均して税率を考える際に使用されるものです。

(3) どのくらいの期間分の損失の穴埋めや借入金の返済とするか

　法人の生命保険加入の目的１と２で確認したことについて、社長亡き後、どのくらいまでの期間分をカバーするのかということを前提としておく必要があります。

　これも未来のことであり、その時の状況は全く分かりませんから、今の状況を中心に変わりうる幅を調整しながら前提としていくことになるでしょう。

　これらの前提を元に必要保障額の計算を行うことになりますが、さらに、社長亡き後に誰かに事業を託して継続させるつもりなのか、それとも、社長亡き後は事業を畳むつもりなのかによっても計算が異なってきますので、分けて具体例を紹介します。

② 計算の具体例１〜社長亡き後も事業を継続し、後継者に会社を託す予定である場合の必要保障額

　生命保険契約加入の検討段階で、社長に万が一のことがあった後、事業を清算すると考える人はごく少数派と考えられるため、後継者が誰になるのかは全く決まってもいないけれども、一応、今のところ清算は考えていないというのが一般的だと思われます。

　その際の必要保障額については、次の考え方で計算してみてはいかがでしょうか？

(1) 当面の損失の穴埋めとして

　社長が亡くなると、多くの場合、売上が下がります。これは、社長というパーソナリティによって取引が成立してきたためです。

　社長の生前はその売上からもたらされる粗利益で固定費をまかない、余った分が利益として計上されてきたわけですが、売上が下がると、それに伴って粗利益が減少し、固定費を支えきれなくなります。

　したがって、**その粗利益の減少額を予定し、それに前提とした期間**

分の月数を掛けたものがこの部分の必要額となります。

　この部分については、現状の粗利益及び減価償却以外の固定費を把握し、それを元に求めることになるでしょう。

(2) 借入金の返済原資として

　現状の元利返済月額をベースとして、**それぞれの借入金の返済終了事業年度や借り換え・新規融資などの予定を加味しながら予定元利返済月額を計算し、それに前提とした期間分の月数を掛けたもの**がこの部分の必要額となります。

(3) 遺族の生活保障として

　これは、死亡退職金と弔慰金のことになります。いずれも社長ご自身の希望額でいいと思います。

　法人税法上の損金算入限度額や相続税法上の非課税限度額はあくまで参考にとどめる程度でいいでしょう。なぜなら、この部分の目的は「遺族の生活保障」だからです。

　損金算入限度額や非課税限度額にとらわれるあまり、それでは遺族の今後の生活に全く足りない……という事態となっては意味がありません。

(4) 必要保障額

　「上記 (1) 〜 (3) の合計 ÷ (1 − 法人税等の表面税率) − 金融資産の固定的な所有見込み額」が必要保障額となります。

　定期預金や株式など将来にわたって持ち続ける金融資産があり、それぞれの必要額をその部分から出すということであればその分については生命保険の保障はいらないわけですから、それを差し引いて考えます。

❸ 計算の具体例２～社長亡き後は事業を清算する予定である場合の必要保障額

（1）当面の損失の穴埋めとして

　事業を清算することを考えている場合、その後の営業活動のことは考えなくてよくなりますから、当面の損失の穴埋めはあまり考慮しないことになります。

　とはいえ、仕入債務が支払えなくなるとその後の清算活動にも悪い影響を与えかねませんから、その分は準備しなければならないでしょう。

　この場合の必要額は、**想定される仕入債務の額から回収予定資金及び在庫処分により捻出される資金予定額の合計額を差し引いて計算する**ことになります。

　この場合も、「今」をベースに考えて計算することになるでしょう。

（2）借入金の返済原資として

　事業を清算する場合、借入金は全額返済を考えなければならないことになります。

　したがって、**現状の借入金残高ベースとして、借り換え・新規融資などの予定を加味しながら予定借入金残高を計算したもの**がこの部分の必要額となります。

（3）遺族の生活保障として

　これは、事業を継続する場合と同様です。

（4）必要保障額

　「上記（1）～（3）の合計÷（1－法人税等の表面税率）－金融資産の固定的な所有見込み額－固定資産売却見込み収入額」が必要保障額となります。

　事業を清算する場合には、固定資産はいずれ処分しなければならなくなりますから、それによって見込まれる収入金額は必要保障額から外してもいいでしょう。

3 この章のまとめ

❶ 法人の生命保険の加入目的は節税ではなく、「経営者亡き後の当面の損失の穴埋め」「経営者亡き後の借入金の返済原資」「経営者亡き後の遺族の生活資金原資」の3つである

❷ 脱税と節税の違いは「隠したことにより税負担が小さく申告された」と「本来の事業の目的を遂行するためのアクションを起こし、結果的に税負担が小さくなった」というところにあるから、生命保険加入の目的は後者に位置づける必要がある

❸「経営者亡き後の遺族の生活資金原資」としての具体的活用方法としては、死亡退職金（生前の給料の後払い分）及び弔慰金（お悔やみ代）の2つが挙げられる

❹ 生命保険の必要保障額は、必要保障期間や適用法人税率といった前提を作った上で、社長亡き後にも事業は継続する予定なのか、清算する予定なのかにより計算方法が異なる。いずれにしても、3つの加入目的それぞれについて必要保障額を計算し、法人税負担を積み増したものから余剰資金（資産処分によるものも含む）予定額を差し引いて計算する

第8章

資金が苦しくて契約を継続できない場合の損をしない対応策

私たち会計事務所のお客様の大多数を占める中小零細企業では、市場環境のさまざまな変化によって資金が苦しくなることがしばしばあります。企業経営のキモは資金が途切れないようにつないでいくということにあるといっても過言ではないでしょう。

　そこで、背に腹は代えられない、という事態になったときには契約している生命保険の保険料支払いの負担を抑えるという選択肢が出てきます。

　ここでは、資金繰りに困ってこのまま契約を継続するのが難しくなった場合の対策について考えてみることにします。

1 解約は優先順位が最も後になります

　当然ですが、解約するとその主契約のみならず、特約までもが全てなくなってしまいます。そして、その後、業績が回復して資金に余裕が出てきたときにもう一度同じ内容の契約をしようと思っても、**被保険者の年齢が旧契約の加入時よりも高くなっていますから保険料が高くなりますし、被保険者の健康状態が悪化していればさらに割増保険料がかかってきたり、最悪、加入できなくなったりする**かもしれません。

　法人契約の保険加入の最大の目的は、経営者に万が一のことがあった際の借入返済などの当面の資金を確保することですから、解約するということは、再加入した場合の保険料が大きくなるか、最悪、再加入できなくなるリスクを負うことになるということを頭の片隅に置いておきたいものです。

　こういった事情から、資金が苦しくなったからといってすぐに解約に走るのは長い目でみた場合、損をすることになってしまうことが多いように思います。

　解約するのは簡単ですが、あくまで**最後の手段**であると認識しておきたいものです。

　以下、解約以外の手段で保険料の負担が少なくなる方法をその復旧・復活方法とともに見ていくことにします。

2 対策① —— 一部解約

　まずは、保険料負担が全くできないわけではないが、これが小さくなれば助かる、といった場合に考えるべき一部解約について説明します。

　一部解約は、現契約の一部を解約し、保障内容を縮小する方法です。例えば、保険金 2,000 万円の契約があったとして、保障額を 1,000 万円にする、などといったものがこれに当たります。

　この場合、保険料は現行の半分となりますから、保険料負担が減少します。

　特約のうち、主契約の保険金額を元に保険金額が設定されているものについては、それに比例して保障額及び保険料が小さくなります。

3　対策② ── 契約者借入の活用

　来月の支払が危なそう、銀行も今回は頼ることができない、生命保険契約を解約するのは最後の手段、となった場合には、終身保険や養老保険、一部の長期平準定期保険など**解約返戻金がある生命保険契約については、契約者借入（制度上は「契約者貸付制度」）を考えてみるといい**でしょう。

　契約者借入とは、その時点における**解約返戻金を担保として、限度額（解約返戻金の７〜８割くらいのものが多い）の範囲内で生命保険会社から資金を借り入れる**ことをいいます。

　ただし、契約者借入は一見、「ある時払いの催促なし」の便利な借入のように思われますが、その生命保険契約の解約返戻金を担保としています。返済すべき元利金相当額が限度額を超えてしまうと失効・解約となることがあるため、計画的に利用すべきです。

【メリット】

- ・生命保険契約の内容をそのままにしておいて資金を調達することができる
- ・借入時の審査がない
- ・返済が自由にできる

【デメリット】

- ・利率（借入時ではなく、契約時によって決まっている）が市中銀行で借りた場合の金利より高く設定されていることが多い
- ・被保険者に保険事故が起きた場合、保険金から借入額及び利息

相当額を相殺して支払われることになる

- 返済すべき元利金が限度額を超えてしまった場合、自動的に解約となる場合がある（特に、長期平準定期などの定期保険は解約返戻率のピークを過ぎると要注意！）

4 対策③ ── 払い済みと延長定期

　保険料を支払っていく余力はないが、何とか保障は残したいという場合には払い済みや延長定期を考えます。これも解約返戻金のあるものに限定される手段ですが、社外に出ていく資金の額を抑えつつ、契約は残すというやり方になります。

　いずれも、**行った後は特約が無効になる**ため、注意が必要です（リビング・ニーズ特約は残る場合もあります）。

1 払い済み

　払い済みは、その時点における解約返戻金を原資として残りの期間の保障を確保する方法です。これによると、保険期間は変わらないものの、保険金額が減少することになります。

　これについては、税務や会計の処理の際、次の2段階に分けて考えると理解しやすいでしょう。

解約して解約返戻金を受領

⇓

「保険期間は変わらない新たな同種の生命保険」に加入し、その受領したお金をそのまま右から左にその保険料として支払った

　また、払い済みにできない保険契約もありますので、保険会社に問い合わせてみるといいでしょう。

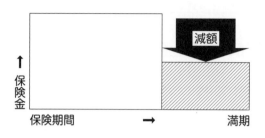

減額

↑
保
険
金

保険期間　　　　　　　**→**　　　　　満期

通 達 で取り扱いを確認！

（払済保険へ変更した場合）

　９－３－７の２　法人が既に加入している生命保険をいわゆる払済保険に変更した場合には、原則として、その変更時における解約返戻金相当額とその保険契約により資産に計上している保険料の額（以下９－３－７の２において「資産計上額」という。）との差額を、その変更した日の属する事業年度の益金の額又は損金の額に算入する。ただし、既に加入している生命保険の保険料の全額（特約に係る保険料の額を除く。）が役員又は使用人に対する給与となる場合は、この限りでない。

（注）１　養老保険、終身保険、定期保険、第三分野保険及び年金保険（特約が付加されていないものに限る。）から同種類の払済保険に変更した場合に、本文の取扱いを適用せずに、既往の資産計上額を保険事故の発生又は解約失効等により契約が終了するまで計上しているときは、これを認める。

　　　２　本文の解約返戻金相当額については、その払済保険へ変更した時点において当該変更後の保険と同一内容の保険に加入して保険期間の全部の保険料を一時払いしたものとして、９－３－４から９－３－６までの例（ただし、９－３－５の２の表の資産計上期間の欄の（注）を除く。）により処理するものとする。

　　　３　払済保険が復旧された場合には、払済保険に変更した時点

> で益金の額又は損金の額に算入した金額を復旧した日の属する事業年度の損金の額又は益金の額に、また、払済保険に変更した後に損金の額に算入した金額は復旧した日の属する事業年度の益金の額に算入する。

　通達では、本文の1文目で払い済み時点における解約返戻金相当額と資産計上額との差額を益金の額又は損金の額に算入するとありますから、「いったん解約して解約返戻金を受領し、そのままそのお金を保険期間が変わらない新たな生命保険契約の保険料として支払った」というのと同じ取り扱いになることが分かります。

　2文目では、会社契約の生命保険契約であっても、保険料の全額が給与とされる場合には実質的には受給者の契約だから払い済みにしようが会社の税務には影響させないということをいっています。

【仕訳例】

〜解約返戻金相当額1,000、資産計上額780の状態で払い済みにした場合

（借）　長期前払保険料　1,000　（貸）保険積立金　780

保険積立金　780　　　　　　　　雑収入（課税対象外）　220

２ 延長定期

　延長定期は、その時点における解約返戻金を原資として保険金額は変えずに保障期間を短くすることで以後の保険料の支払を止める方法です。元の契約が終身保険であったとしても、この方法を採った場合、保障期間が有限となるため、定期保険の形となります。

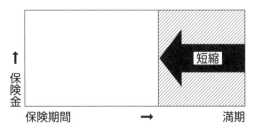

これについても、税務や会計の処理の際、次の2段階に分けて考えると理解しやすいでしょう。

解約して解約返戻金を受領
⇩
「保険金額は変わらない新たな定期保険」に加入し、その受領したお金をそのまま右から左にその保険料として支払った

【仕訳例】
　～解約返戻金相当額1,000、資産計上額780の状態で延長定期とした場合

（借）　長期前払保険料　1,000　（貸）保険積立金　780
　　　　　　　　　　　　　　　　　　雑収入（課税対象外）　220

5 契約の復旧

　一部解約をし、又は払い済み若しくは延長定期とした後、一定期間内であれば変更前の状態に戻すことができる場合があります。これを**「契約の復旧」**といいます。

　この場合、改めて告知（又は診査）を行い、復旧部分の保険料（積み立て不足額）を支払わなければなりません。これには利息を付して支払わなければならない場合もあります。

保険料は月払い、半年払、年払いなどがありますが、それぞれ支払期日が設定されています。しかし、この日までに支払うことが何らかの事情でできなかった場合にはどうなるのでしょうか？

■ 払込猶予期間

月払いの場合には支払期日の翌月末まで、半年払と年払いの場合には支払期日の翌々月の契約応当日まで、などの払込猶予期間が設けられています。この払込猶予期間の間に保険料を支払えば全く問題なく契約を続行することになります。

② 払込猶予期間までに保険料を支払うことができなかった場合1 ～自動振替貸付

では、払込猶予期間までに保険料を支払うことができなかった場合にはどうなるのでしょうか？

まず、解約返戻金がある契約の場合には、自動で契約者借入を行い、それを未納となっている保険料に充当して契約を続行することになります。これを自動振替貸付といいます。

自動振替貸付についても次の2つに分けて考えると理解しやすいと思います。

未納となっている保険料相当額の契約者借入を行った

⇓

そのまま右から左に未納の保険料として生命保険会社に支払った

　このように考えると、自動振替貸付は契約者借入を利用したものなの
で、利息が付されるということが分かりますね。このように、税務や会
計の処理という視点で考えるときには、1つの行為を2つ以上に細かく
分解して考えると理解がしやすくなることが多くあります。

　なお、この自動振替貸付により立て替えられた保険料はいつでも返済
が可能で、残高を有したまま保険事故が起きたり、解約したりした場合
には、保険金や解約返戻金から元金及び利息を差し引いたものが支払わ
れます。

③ 払込猶予期間までに保険料を支払うことができなかった場合2 ～失効

　解約返戻金のない契約の保険料を払込猶予期間までに支払うことがで
きなかった場合にはその生命保険契約は失効します。

　また、自動振替貸付により保険料が立て替えられていた場合でも、元
利金の合計額が解約返戻金を超えた場合には同様に失効します。

④ 契約の復活

　契約が失効した後でも一定期間（3年など）内であれば元に戻すこと
ができます。これを**「契約の復活」**といいます。この場合、改めて告知
（又は診査）が必要で、執行期間中の保険料を支払わなければなりません。

　この保険料に利息を付して支払わなければならない場合もあります。

7 この章のまとめ

❶ 資金が苦しくて契約を継続できない場合の保険契約の見直しについては、解約の優先順位は一番後とする

❷ 保険料負担をそのままとし、一時的に資金が苦しい場合には契約者借入を考える

❸ 保険料負担を減らしたい場合には、一部解約、払い済み、延長定期といったことを考える（ただし、特約に制限がかかる）

❹ 上記❸の後、資金に余裕ができれば、元の契約に戻す「復旧」を考えるのも有効

❺ 保険料を支払うことができず、契約が失効しても一定期間内に「復活」することもできる

第9章

経営者の逝去に伴い、会社を
解散・清算するときの工夫

社長が亡くなられるということは会社にとってはこの上ない一大事といえるでしょう。特に、事故などで急逝された場合には後継者が不在で、会社の存続に赤信号がともる場合も少なくありません。

　ここでは、社長が急逝され、会社を解散・清算するときの工夫について考えてみましょう。

　これについては、最終的にご遺族の手元に残る金額を少しでも多くするのが目的となるのですが、法人税と相続税・所得税の両面から考えてみたいと思います。

1 会社からご遺族に財産を移転する方法は4つしかない

　社長が急逝され、会社を解散・清算する場合には、会社の資産を換金し、債務を弁済していくことになりますが、その過程又は最後に会社からご遺族に財産を移転する方法は、実は次の4つしかありません。

1 死亡退職金及び弔慰金

　社長の逝去に伴い、ご遺族に対して故人の生前の功績に報い、お悔みの気持ちを表すために支払われるものです。

　これらは社会通念上相当と認められる金額の範囲であれば会社側で損金となり、受領した遺族側でも所得税は非課税となっており、相続税においても一定の非課税枠があるため、ご遺族に少しでも多く財産を移転させようと考えた場合、必ず実行すべきものといえます。

2 ご遺族の誰かが役員となり、報酬を支払う

　会社を解散・清算する場合、故人に代わって誰かが代表を務めることになりますが、通常はご遺族がその任に就くことになります。

　その際、その新たに就任した代表取締役（解散後は代表清算人）に役員報酬を支払います。

　役員報酬は社会通念上相当と認められる範囲の金額で定期同額給与の要件を満たせば会社側で損金となり、受領した遺族側でも給与所得控除額の適用があります。また、次に述べる役員退職金の金額にも影響します。

　ただし、役員報酬には健康保険や厚生年金の負担が労使折半で別途生じることを考慮に入れておきたいものです。

🛐 ご遺族の誰かが役員となり、退職金を支払う

故人に代わって代表取締役（代表清算人）に就いたご遺族に対し、清算結了の際、役員退職金を支払います。

退職金は社会通念上相当と認められる範囲であれば会社側で損金となり、受領した遺族側でも退職所得として取り扱われ、１．大きめの退職所得控除が設定されており、２．２分の１課税で、３．分離課税のため他の所得にかかわらず単独で税率が適用される、といった優遇措置があります。

ただし、会社の解散・清算の場合には新たに代表取締役（代表清算人）に就任したご遺族の役員就任期間が短い場合もありますから、特定役員退職手当等に該当する場合には２分の１課税が不適用とされることに注意が必要です。

もっとも、役員就任期間が短い場合には退職金もそんなに大きく支払うことにはならないと思われます。

🛂 配当

清算結了の際、純資産がある場合には最終的に株主に対して配分されることになります。

このうち、果実の部分はみなし配当となりますから、会社側では損金とはならず、受領した遺族側では配当所得として配当課税が行われます（会社側で要源泉徴収）。

配当所得は配当控除があるとはいえ、必要経費がなく総合課税ですから税負担は大きいものとなることもしばしばあります。

したがって、会社の清算結了前に上記🛈〜🛐により**少しでも「果実」の部分を減らしておくことがミソ**といえるでしょう。

考 察　**配当課税による税負担を小さくするための工夫**

----

① 納税義務者の数を増やす

　超過累進税率が適用される所得に対する課税負担を小さくしようと考えた場合、納税義務者の数を増やして1人に対して高い税率がかかることを避けることを考えます。

　会社の解散・清算による配当課税の場合には、故人が所有していた会社の株式を複数の遺族で相続し、配当課税の納税義務者の数を増やすことにより全体の税負担を減らすことができます。

② 配当課税となる対象年を増やす

　最終的にみなし配当が生ずると見込まれ、納税義務者の数を増やすことができない場合には、清算結了を翌年まで引っ張り、解散した年においていったんいくらかの配当をしておきます。

　その上で、翌年に入ってから清算結了⇒みなし配当となるわけですが、納税義務者が1人だったとしても複数年に所得を分けることにより高い税率が適用されることを避け、場合によっては配当控除の控除率も5％となるのを避けることができることでしょう。

2　会社の解散・清算の概要

❶ 解散から清算結了までの手続きの流れ

　会社を閉める、すなわち、会社の法人格を返上するときは、いきなり法人格がなくなるわけではありません。

　まず、「解散」を行い、通常の営業活動をやめて会社を閉める準備に入ったことを世の中に知らしめるため、**解散登記**を行います。なお、解散の日までの事業年度を**「解散事業年度」**といい、最後の通常事業年度となります。そして、この日の翌日から**清算事業年度**に入っていくことになります。

　その後、財産の換価活動や債務の弁済を経て**残余財産の確定**に至ります。その後、残余財産の分配を行い、最後の株主総会で承認を受けた後、**清算結了登記**を行い、法人格が消滅します。

　つまり、解散⇒財産債務の整理⇒清算結了という流れがあり、清算結了をもって法人格が消滅するのだということは覚えておいてください。

【残余財産の確定について】

　清算会社の**財産がすべて現預金化されて、債務がすべて弁済された状態**になると、残余財産の確定となります。ただし、この場合にも租税債権・債務と事後費用に係る債務は残ることになります。

　また、土地や建物で分配することとした場合には、法律上、これらが財産に残っていてもよいことにはなっています。しかし、いろいろトラブルの要因になりがちですので、これはあまりおすすめできません。財産は租税債権を除きすべて現金化しておいた方が良いと思います。

　残余財産確定の日は、こういう状態になった日以後、任意に決めるこ

とになっています。ただ、清算結了までの会社保有コスト等を考えると、あまり遅くならない方が良いと思われます。

それでは、解散から清算結了までの手続きの流れを時系列で確認してみましょう。

① 株主総会の解散決議、および清算人の選定

↓

┌─────────────────────────────┐
│ ② 解散・清算人登記 │　…… 解散の日から2週間以内
│ （株式会社解散及び清算人就任登記） │
└─────────────────────────────┘

↓

③ 解散日の財産目録及び貸借対照表の　　…… 清算人の就任後、遅滞なく
　　　作成・株主総会承認

↓

④ 債権者に対する公告等　　…… 解散日後、遅滞なく
⇒以後の2カ月間が債権申出期間となる
　（この期間中、清算結了はできない）

↓

⑤ 債権・債務の整理や財産の換価活動

↓

⑥ 清算事務年度の株主総会
（清算に1年以上かかる場合のみ）

↓

⑦ 残余財産の確定

↓

⑧ 残余財産の分配

↓

⑨ 決算報告の作成・株主総会承認　　…… 分配後、遅滞なく

↓

┌─────────────────────┐
│ ⑩ 清算結了登記 │　…… 株主総会後2週間以内
└─────────────────────┘

❷ 解散事業年度の確定申告に特有なこと

　解散事業年度以降は継続企業の前提から外れ、特殊な事業年度となりますが、確定申告自体は通常事業年度同様、損益法で行いますし、使用する別表も変わりません。

　さて、解散事業年度は最後の通常事業年度ですが、翌期から清算事業年度に入っていくという特別な事情がありますから、すべていつも通りというわけにはいきません。

　解散事業年度の確定申告に特有なことは主に次の4点です。

(1) 青色欠損金の繰戻し還付が通常の場合より範囲及び期限が緩和されている

　① 解散の場合には中小企業者等に限らず、全法人に適用がある

　② 欠損事業年度（繰戻し還付の対象となる事業年度）が当期のみならず、解散事業年度及び解散の日前1年以内に終了したいずれかの事業年度となる

　③ 請求期限も解散の日から1年以内とされている

(2) 一部、特別償却の適用がない

(3) 租税特別措置法上の準備金の設定が不可となっており、この時点で有する準備金残高は全額取り崩し（益金算入）

　　引当金の計上は通常通り可能

(4) 圧縮特別勘定の設定が不可となっており、解散時点で有する圧縮特別勘定残高は全額取り崩し（益金算入）　　など

　　圧縮記帳は通常通り可能

3 清算事業年度（最終事業年度以外）の確定申告に特有なこと

　解散の日の翌日以後一年を経過する日までに残余財産の確定に至らなかった場合、いったん事業年度が終了するため、決算及び確定申告が必要となります。この場合の確定申告に特有なことは主に次の6つです。

(1) 一部、特別償却の適用がない（解散事業年度同様）

(2) 準備金の設定が不可（解散事業年度同様）

(3) 圧縮記帳の設定が不可

　解散事業年度では圧縮特別勘定のみ不可でしたが、清算事業年度では圧縮記帳も不可となります

(4) 収用の特別控除の適用がない

(5) 中間申告がない

(6) 期限切れ欠損金の損金算入が可能

　期限切れ欠損金の損金算入は、**青色申告・白色申告を問わず残余財産がないと見込まれる場合**（最終事業年度以外の清算事業年度においては**債務超過**となっていればOK）のみ適用可

【期限切れ欠損金】

次の①から②を差し引いた金額
① その清算事業年度の確定申告書別表五（一）の「期首現在利益積立金額」がマイナスとなっている場合のその金額をプラスにした金額
② 青色欠損金又は災害損失金の繰越によってその事業年度の損金の額に算入される金額

【期限切れ欠損金別表記載例】

繰越損益金（損は赤）	25	△6,249,517	△6,249,517		△5,000,000	△5,000,000	別表五(一)
納税充当金	26	18,600	18,600		11,600	11,600	
未納法人税等（退職年金等積立金に対するものを除く。） 未納法人税及び未納地方法人税（附帯税を除く。）	27	△	△	中間 △ 確定 △	△		
未払通算税効果額（附帯税の額に係る部分の金額を除く。）	28			中間 確定			
未納道府県民税（均等割額を含む。）	29	△ 5,000	5,000	中間 △ 確定 △ 3,300	△	3,300	
未納市町村民税（均等割額を含む。）	30	△ 13,600	13,600	中間 △ 確定 △ 8,300	△ 8,300	8,300	
差引合計額	31	★ △6,249,517	△6,249,517		△5,000,000	△5,000,000	

Ⅱ 資本金等の額の計算に関する明細書

区分		期首現在資本金等の額 ①	当期の減 ②	当期の増 ③	差引翌期首現在資本金等の額 ①-②+③ ④
資本金又は出資金	32	5,000,000 円	円	円	5,000,000 円
資本準備金	33				
	34				
	35				
差引合計額	36	5,000,000			5,000,000

欠損金の損金算入等に関する明細書

事業年度	令6・7・21 令6・10・15	法人名	株式会社 京都商事

控除前所得金額（別表四「43の①」）	1	3,816,756 円	損金算入限度額 (1)× 50又は100/100	2	3,816,756 円

事業年度	区分	控除未済欠損金額 3	当期控除額（当該事業年度の(3)と((2)−当該事業年度前の(4)の合計額)のうち少ない金額） 4	翌期繰越額（(3)−(4)）又は（別表七(四)「15」） 5
・・	青色欠損・連結みなし欠損・災害損失	円	円	円
・・	青色欠損・連結みなし欠損・災害損失			
・・	青色欠損・連結みなし欠損・災害損失			円
・・	青色欠損・連結みなし欠損・災害損失			
・・	青色欠損・連結みなし欠損・災害損失			
・・	青色欠損・連結みなし欠損・災害損失			
・・	青色欠損・連結みなし欠損・災害損失			
令4・4・1 令5・3・31	青色欠損・連結みなし欠損・災害損失	248,409	248,409	
令5・4・1 令6・3・31	青色欠損・連結みなし欠損・災害損失	1,038,823	1,038,823	
令6・4・1 令6・7・20	青色欠損・連結みなし欠損・災害損失	816,322	816,322	
	計	2,103,554	★★ 2,103,554	
当期分	欠損金額（別表四「52の①」）		欠損金の繰戻し額	
同上のうち	青色欠損金額			
同上のうち	災害損失欠損金額	(16の③)		
	合計			

別表七(一)

令五・四・一以後終了事業年度分

180

| 民事再生等評価換えが行われる場合以外の再生等欠損金の損金算入及び解散の場合の欠損金の損金算入に関する明細書 | 事業年度 | 令6・7・21
令6・10・15 | 法人名 | 株式会社　京都商事 | 別表七(四) 令五・四・一以後終了事業年度分 |

債務免除等による利益の内訳	債務の免除を受けた金額	1	円	所得金額差引計 (別表四「43の①」)-(別表七(一)「4の計」)	9	1,713,202 円
	私財提供を受けた金銭の額	2				
	私財提供を受けた金銭以外の資産の価額	3		当期控除額 (中〓 (8)と(9)のうち少ない金額)	10	★★★ 1,713,202
	計 (1)+(2)+(3)	4				
欠損金額等の計算	適用年度終了の時における前期以前の事業年度から繰り越された欠損金額	5	別表五(一)★より 6,249,517	調整前の欠損金の翌期繰越額 (13の計)	11	
	適用年度終了の時における資本金等の額 (別表五(一)「36の④」) (プラスの場合は0)	6	△			
	欠損金の当期控除額	7	別表七(一)★★より 2,103,554	欠損金からないものとする金額 ((10)と(11)のうち少ない金額)	12	
	差引欠損金額 (5)-(6)-(7)	8	4,145,963			

								別表四
更生欠損金又は民事再生等評価換えが行われる場合の再生等欠損金の損金算入額(別表七(三)「9」又は「21」)	40	△			※		△	
通算対象欠損金額の損金算入額又は通算対象所得金額の益金算入額(別表七の二「5」又は「11」)	41				※			
差引計 (39)+(40)±(41)	43	3,816,756		3,816,756	外※			
欠損金等の当期控除額(別表七(一)「4の計」)+(別表七(四)「10」)	44	△ 3,816,756			※		△ 3,816,756	
総計 (43)+(44)	45	0		3,816,756	外※		△3,816,756 0	
残余財産の確定の日の属する事業年度に係る事業税及び特別法人事業税の損金算入額	51			△				
所得金額又は欠損金額	52			3,816,756	外※		△3,816,756 0	

→別表七(一)★★+別表七(四)★★★ (簡)

参考

期限切れ欠損金の意味合い

　平成22年10月1日以降解散分の清算事業年度において、残余財産がないと見込まれる場合には、青色申告、白色申告を問わず期限切れ欠損金が損金算入できることとされています。これは、どういったものであり、どのような経緯で制度化されたのでしょうか?

　まず、平成22年9月30日以前に解散した法人の確定申告は現行とは大きく異なっており、予納制度はあるものの、確定申告は最

終事業年度の１回のみとされ、しかも、その清算確定申告は損益法ではなく、財産法（解散以降に実現した資産の含み益）で計算を行うこととされていました。

　しかし、その後、組織再編税制の導入や自己株式の取得解禁などによって資本金等の額が株主の拠出額と必ずしも一致しないこととなり、財産法の前提が崩れてしまったことから、通常の確定申告同様、損益法で計算することとされました。

　この際に問題となったのが、清算時に行われる役員借入金の債務免除益です。財産法であれば含み益課税なので債務免除益には課税されなかったのに、損益法になるとこの部分に課税が行われることになるからです。

　そこで、清算事業年度については、利益積立金がマイナスとなっている場合にそのマイナス分をプラスにしたものから繰越欠損金額を除いたものを期限切れ欠損金として一定の要件の下、損金算入を認めて債務免除益に相当する部分への課税を避けたのです。

　この「利益積立金額がマイナスとなっている場合のそのマイナスをプラスにしたもの」とは何なのでしょうか？　それは、会計上の繰越損失に税務上の留保加算・減算を加減した**「税務上の繰越損失額」**ということになります。つまり、タネの部分（資本金など株主の拠出部分）を食いつぶしている損失部分に税務調整を加えたものですね。要するに、**「食いつぶしている部分には担税力の関係から、営業を終了している事業年度において課税を行うことは適切でないため、この部分の損金算入を認めよう」**ということです。

　では、なぜ青色欠損金や災害欠損金の繰越部分を控除するのでしょうか？

　青色欠損金や災害欠損金は、通常の損失や災害損失により純資産を減らしてきた結果、今に繰り越されてきているものです。つまり、税務上の繰越損失額には（会計上の繰越損失にも）これらの部分も

含まれているため、**期限切れ欠損金からはこれらを省いてやらない
と二重控除になってしまいます。**

　これらは別表七（一）で控除されるのだから、期限切れ欠損金と
して損金算入することは認めない、ということです。

4　最終事業年度の確定申告に特有なこと

　残余財産の確定の日を含む事業年度は最終事業年度となります。この
場合、**翌期がないという特別な事情がある**ため、いくつか特別な取り扱
いが出てきます。最終事業年度の確定申告に特有なことは主に次の4つ
です。

（1）最終事業年度の法人事業税の損金算入

　　法人事業税は翌期の損金算入となるべきところ、最終事業年度に
は翌期がありませんから、その事業年度の損金の額に算入します。
結果、最終事業年度は法人税と法人事業税で課税標準額が異なるこ
とになります。

（2）引当金は一切、繰入不可

　　これも最終事業年度にはこれを戻し入れるべき翌期がないことか
ら、繰入れもできません。

（3）一括償却資産、繰延資産、控除対象外消費税の残額はすべて損金算入

　　これらについても翌期がないため、償却途中であっても残額をす
べて最終事業年度の損金の額に算入します。

（4）期限切れ欠損金の損金算入

　　最終事業年度以外の清算事業年度同様、残余財産がないことが適
用要件となります。

3 会社の残余財産を少しでも大きくするために

　解散・清算の手続きと通常の法人税申告との相違点を確認したところ
で、会社の残余財産を少しでも大きくする方法を考えてみましょう。

　会社の残余財産が大きくなれば、最終的にご遺族の手元に残る金額の
原資も大きく確保できることになります。

　社長が急逝された後は、ご遺族のどなたかが代表取締役になられると
思いますが、中にはこれまで全く会社の仕事にタッチしてこなかった方
もいらっしゃいます。こういった場合には不安を少しでも軽減して差し
上げるべく、選択肢の提示とメリット・デメリットを分かりやすく説明
し、判断をスムーズにできる状態にもっていきたいものです。

　また、会社を解散・清算するという決断を下すのも早ければ早いほど
残余財産も多くなる場合が多いです。

1 まずは、資金の社外流出を抑える

　会社を解散・清算すると決断したら、いずれ営業をストップして会社
を仕舞うことになりますから、早めに従業員さんや取引先に報告し、退
職や取引の停止を申し出ることにより資金の社外流出を抑えます。

　いずれも社長の逝去直後ということもあり、言い出しにくいことです
が、いずれやらなければならないことであり、放置すれば傷口が広がる
ばかりです。これまで会社の発展に尽力してもらったことへの感謝を忘
れず、できれば、従業員さんには精一杯の額の退職金を出したいですし、
取引先には感謝の気持ちが伝わるものをお持ちするのがよいでしょう。

　あわせて、余剰・有休となってしまう設備や資産についても処分して
いくことによって保有コスト（自動車税や固定資産税など）の負担を軽

減する方策を採ります。

❷ 資産の資金化はタイミングを見計らいつつ、迅速に

　会社を解散・清算することになったらできるだけ早く清算までもっていきたいと考えるのが普通です。それは、会社にも保有コスト（法人住民税の均等割や税理士報酬など）がかかるため、債権届出期間である2カ月を過ぎたらすぐに残余財産の確定から清算結了までもっていくのが最も効率的だからです。

　とはいえ、資産の資金化（売却）は相手があることですから、思ったように進まないことも多々あります。また、特にトラックや製造用機械などは売り先やタイミングによって売却価格に差が出る場合がありますから、「タイミングを見計らいつつ、迅速に」ということを頭の片隅に置いておくといいでしょう。

　具体的にいうと、「買い手が複数いて、値段が吊り上がりそうであればじっくりと交渉を行い、高く売れる方に売るが、そうでなければよっぽど安い金額で買い叩かれない限りは即座に売ってしまう」ということになります。

❸ 法人税等の中間申告がある場合、前事業年度の実績による中間申告とするのが吉

　解散前の通常事業年度において、法人税や法人事業税、法人住民税は前事業年度の法人税額が年換算で20万円を超える場合、中間申告の義務が生じます。このまま何もしなければ期限までに前事業年度のそれぞれの年税額の半分を納めることになるのですが、業績の悪化により当事業年度の上半期の所得が前年より小さくなる場合には仮決算による中間申告を行い、中間納付税額を抑えることができます。

　社長が当事業年度開始から8カ月以内に亡くなられた場合、前事業年度実績の半分の税額を納めるか、仮決算による税額を納めるかの選択が

可能ですが、**資金が許せば前事業年度実績の半分の税額を納める方がいい**です。なぜでしょうか？

　それは、中間納付⇒事業年度末までに死亡退職金を支払うことにより、当事業年度の所得が圧縮される⇒還付申告となる（可能性あり）、という流れとなるためです。

　この流れの中で、仮決算により中間納付額を抑えた場合に比べて有利に働く部分が2つあります。それは、①法人事業税の中間納付額が当期の損金の額に算入されることと、②還付申告となった場合、還付加算金の受領が可能ということです。

　以前は、例えば事業年度開始から6カ月以内に社長が亡くなられ、生命保険金の受領を行った場合、仮決算を組んでわざと大きな所得金額で申告し、役員退職金（及び法人事業税中間納付額）により本決算の所得を小さくして還付申告とし、多額の還付加算金を受領するということもできたのですが、会計検査院がこのような申告による還付加算金の負担を問題視し、平成23年度税制改正により、仮決算による中間納付額は前事業年度実績による中間納付額を超えることができなくなりました。

　したがって、中間納付義務がある場合には前事業年度実績による中間納付が最大額となりますから、このような結論となるのです。

④ 消費税の中間申告がある場合、仮決算による中間申告を考える

　消費税は直前の課税期間における「差引税額」の12カ月換算額が48万円を超えると中間納付義務が発生します。

　法人税等においては、仮決算による中間納付額は前事業年度実績による中間納付額を超えることはできない旨の規定があるのですが、消費税においてはこの規定がありません。このため、仮決算による中間納付額が前課税期間実績による中間納付額より大きい場合には、資金が許せば、仮決算による中間納付を行った上で、次のように処理すれば確定申告で還付税額となる場合、当事業年度の所得の金額を小さくすることができ、

還付額によっては還付加算金を受領することができます。

---

① 当事業年度の会計を税込み経理とする

② 仮決算による中間納付額を租税公課などとして費用処理する

③ 決算において還付税額は未収計上しない⇒申告書を提出する翌事業
　 年度の益金とする

　これにより確定申告が還付となる場合には、上記の法人税等で説明した法人事業税の中間納付と同様の効果を得ることができます。

5 会社所有の不動産は清算結了を遅らせる原因となる

　会社の解散から清算結了までの期間は短い方が効率的です。なぜなら、会社の保有コストを抑えることができるからです。

　しかし、清算結了までに時間がかかる原因となるものがあります。それは、会社所有の不動産です。

　土地や建物がすぐに売れるようなものであればあまり問題はないのですが、そうでない場合には、「あとこの土地と建物が片付けば終わりなのに・・・」ということになります。このようなケースはしばしば見られます。

　ある程度待ってみても欲しいという人が現れない場合には、最悪、ご遺族のどなたかが個人で購入し、清算結了するということも考えられます。この場合、同族間取引となりますから、時価に注意が必要となります。また、購入者には不動産取得税がかかります。

　法律上、不動産を会社に残したまま残余財産の確定を迎えてもいいことになっていますが、株主が複数いる場合など不動産を分けることができなくて困ることもありますから、極力、売却してから残余財産の確定とした方が後々トラブルを避けることにつながります。

4　ご遺族の手元に残る金額を少しでも大きくするために

　ここまでは、ご遺族の手元に残る金額の元となる法人の残余財産を大きくするための方策を見てきましたが、ここからはそれ以降の話です。

1　死亡退職金や弔慰金の支払は上限いっぱい支払うこと

　死亡退職金や弔慰金の支払は残余財産を減らす行為なので、こちらで触れることにします。

　死亡退職金や弔慰金は法人では損金となり、受領した側では非課税若しくは非課税枠があるものとして取り扱われるため、法人にも個人にも課税できない部分が存在するという意味で、ご遺族の手元に残る金額を大きくするものといえます。

　弔慰金は業務中死亡の場合には死亡時の給与月額（賞与は含まない）の36カ月分まで、業務外死亡の場合には同じく6カ月分まで相続税が非課税とされており、受領側でも全額非課税ですから、まずここはしっかりと抑えておきたいところです。なお、弔慰金はその性格上、社長の逝去後、遅くならないうちに支払っておいた方がよいでしょう。

　死亡退職金は、法人の損金算入額には上限（これにも幅がある）がありますが、その範囲内でしたら損金の額に算入されますし、受領側ではみなし相続財産として「500万円×相続人の数」だけの非課税枠があります。このため、損金算入限度額とみなし相続財産の非課税枠のいずれか少ない方の金額については法人税も相続税も課されないことになります。このことも踏まえ、弔慰金とともに死亡退職金もしっかりと支払っておきましょう。

　なお、死亡退職金は社長の逝去後、すぐに支払わなければならないも

のではありませんが、法人の損金算入のことも考えると、法人の決算までには支払を確定させたいものです。

② 生命保険は法人契約のものの他に個人契約のものにも加入しておくこと

本書は法人契約の生命保険がテーマですが、この他に個人契約のものにも加入しておくといいでしょう。

それは、相続税において生命保険金に係るみなし相続財産の非課税枠があることばかりでなく、個人契約の生命保険には個人契約の生命保険の目的があるためです。

契約者及び被保険者が故人、保険金受取人が遺族となっている生命保険契約の保険金については、相続税のみなし相続財産として課税が行われます。生命保険金は民法上の遺産ではなく、契約者と生命保険会社との契約により、保険事故が起こったときに保険金受取人に支払われるものとなります。しかし、これは故人が保険金相当額の現金を遺して亡くなったのと経済的な効果は同じですから、相続税の対象となります。このことは死亡退職金と同様です。

この際、非課税枠が死亡退職金とは別に「500万円×相続人の数」の非課税枠が設けられており、これを超える部分の金額を課税価格に算入します。

このように、法人と個人の両方でそれぞれ生命保険契約を有しておくと、法人契約分は法人が受領してその全部又は一部が死亡退職金として支払われますから、この部分について死亡退職金の非課税枠が使えます。また、個人契約分は生命保険金の非課税枠が使えますから、みなし相続財産の非課税枠をダブルで活用することができるのです。

個人契約の生命保険契約加入の目的

個人契約の生命保険の目的は法人契約のそれとは別のものとなります。ここでは、個人契約の生命保険契約の主な目的を確認しておきましょう。

① 遺族の生活保障のため

当然ですが、個人契約の生命保険契約加入の目的は遺族の生活保障が一番先に考えられます。この必要保障額は被保険者の年齢や家族構成、子供の成長段階などに応じて年々変わっていくものです。

柱となる終身保険や100歳定期などを用意し、「ここからここまでは厚めの保障が必要」といった部分的な保障を定期保険で補いながら契約に加入すると無駄が抑えられます。

② ローン返済資金確保のため

会社には会社の借入金がありますが、個人にも住宅ローンや自動車ローン、教育ローンなどの債務があることが多いでしょう。

これらの返済資金は、働いて返すことができる範囲内で借りていると思いますから、生存中は特に問題がないのですが、死亡後はその収入がなくなりますから、この返済資金を生命保険で確保することになります。

ローンの残高は返済のたびに少しずつ減っていきますから、これに対する生命保険契約も保障が少しずつ減っていく逓減定期保険とすれば無駄が抑えられます。

③ 相続税の納付資金確保のため

最後に相続税の納付資金です。

我が国の租税はお金で納付することが大原則です。相続税は不動産や自社の株式など、換金することがとても困難な財産について課

され、しかも、現金払いが求められる税目です。そのため、延納や
物納の制度はありますが、それでもまとまったお金が出ていく場合
は多々あります。

　そこで、この現金払いの要請に対応するため、相続税がかかる人
についてはそのための納税資金を生命保険で確保することになりま
す。

❸ 生前から贈与税や相続税が非課税となるものを利用しておくこと

　上記の生命保険同様、生前にやっておくべきことになりますが、贈与
税や相続税が非課税となるものを利用し、実行しておくと遺族の手元に
残る金額は当然ながら増えます。

(1) 贈与税の配偶者控除（相続税法第21条の6）

　婚姻期間が20年以上の夫婦の間で、居住用不動産または居住用不
動産を取得するための金銭の贈与が行われた場合、基礎控除110万
円のほかに**最高2,000万円**まで控除（配偶者控除）できるという特
例です。

　贈与を受けた年の翌年3月15日までに居住を開始し、引き続き居
住し続けなければなりませんが、贈与者が死亡した際には遺産から外
れているため相続税はかかりません。

　万が一、その贈与から3年（令和6年1月1日以後の贈与につい
ては、順次7年にまで延長。以下同じです）以内に亡くなられた場合
であっても、贈与税の配偶者控除を受けた部分（控除された部分）の
金額については相続税において課税価格に算入されません（相続税法
第19条）。

(2) 住宅資金贈与の非課税（租税特別措置法第70条の2）

その年の1月1日において18歳以上である直系卑属に対して自己の居住の用に供する住宅用の家屋の新築、取得または増改築等の対価に充てるための金銭（住宅取得等資金）を贈与した場合において、受贈者の贈与を受けた年分の合計所得金額が2,000万円以下であるなど一定の要件を満たすときは、**省エネ等住宅の場合には1,000万円**まで、**それ以外の住宅の場合には500万円まで**の金額について、贈与税が非課税となります。

これにより贈与した財産については、遺産から外れており、また、相続開始前3年贈与加算の対象にもならない（租税特別措置法第70条の2第3項）ことから相続税も課税されないため、遺族の手元に残る金額が増えることになります。

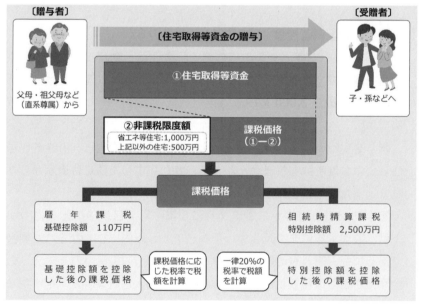

「住宅資金等の贈与を受けた場合の贈与税の非課税等のあらまし」（国税庁）より

(3) 教育資金の一括贈与の非課税（租税特別措置法第70条の2の2）

　　教育資金管理契約を信託銀行等と締結する日において30歳未満である直系卑属に対して教育資金に充てるため、その契約に基づき信託受益権を付与した場合、書面による贈与により取得した金銭を銀行等に預入をした場合又は書面による贈与により取得した金銭等により証券会社等で有価証券を購入した場合には、その信託受益権又は金銭等の価額のうち1,500万円までの金額に相当する部分の価額については、取扱金融機関の営業所等を経由して教育資金非課税申告書を提出することにより、贈与税が非課税となります。

　　この場合、教育資金管理契約の期間中に贈与者が死亡した場合には管理残高は相続税の課税対象となり、契約終了時に教育資金口座に残高がある場合にはその残高は贈与税の課税対象となります。この場合であっても非課税部分については相続税・贈与税の課税がないため、遺族の手元に残る金額が増えることになります。

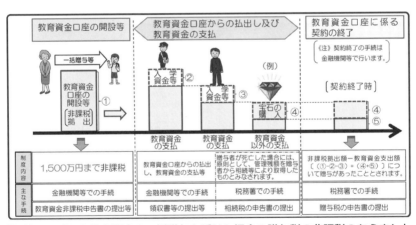

「祖父母などから教育資金の一括贈与を受けた場合の贈与税の非課税のあらまし」
（国税庁）より

(4) 結婚・子育て資金の一括贈与の非課税（租税特別措置法第70条の2の3)

　金融機関等との結婚・子育て資金管理契約を締結する日において18歳以上50歳未満である直系卑属に対して、その契約に基づき信託受益権を付与した場合、書面による贈与により取得した金銭を銀行等に預入をした場合又は書面による贈与により取得した金銭等により証券会社等で有価証券を購入した場合には、信託受益権または金銭等の価額のうち **1,000万円**までの金額に相当する部分の価額については、取扱金融機関の営業所等を経由して結婚・子育て資金非課税申告書を提出することにより、贈与税が非課税となります。

　結婚・子育て資金管理契約の期間中に贈与者が死亡した場合には管理残高は相続税の課税対象となり、契約終了時に結婚・子育て資金口座に残高がある場合にはその残高は贈与税の課税対象となります。この非課税部分については相続税・贈与税の課税がないため、遺族の手元に残る金額が増えることになります。

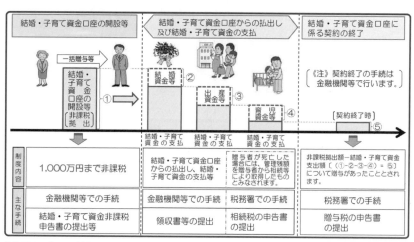

「父母などから結婚・子育て資金の一括贈与を受けた場合の贈与税の非課税のあらまし」（国税庁）より

（5）生活費の負担は非課税（相続税法第21条の3第1項第二号）

　夫婦や親子、兄弟姉妹などの扶養義務者から生活費や教育費に充てるために取得した財産で、通常必要と認められるものについては、贈与税は非課税となります。

　ここでいう生活費とは、その人にとって通常の日常生活に必要な費用をいい、治療費、養育費その他子育てに関する費用などを含みます。また、教育費とは、学費や教材費、文具費などをいいます。

　なお、贈与税がかからない財産は、生活費や教育費として必要な都度直接これらに充てるためのものに限られます。したがって、生活費や教育費の名目で贈与を受けた場合であっても、それを**預金したり株式や不動産などの買入資金に充てたりしている場合には贈与税がかかる**ことになりますから注意が必要です。

　これにより贈与した財産については、遺産から外れており、また、相続開始前3年贈与加算の対象にもならない（相続税法第19条）ことから相続税も課税されないため、遺族の手元に残る金額が増えることになります。

参考

なぜ生活・教育資金の贈与は贈与税がかからないのか？

　生活費や教育費の贈与については、通常必要と認められる範囲ではありますが、贈与税が非課税とされています。これはなぜでしょうか？

　例えば、親が子の学校の授業料を出す行為は親から子への財産の移転となりますから贈与とみることになるでしょう。また、親が子の衣食住に係る費用を負担することも同様です。

　この例に挙げた子は児童・生徒・学生であり、所得を獲得することができないため、これらの行為は親の務めとして当たり前のこと

です。こういった行為に贈与税が課されないというのは一般常識から当然のように考えられますが、実は、民法第877条第1項の規定（直系血族及び兄弟姉妹は、互いに扶養をする義務がある）との兼ね合いからだといわれています。

　税法は他の法令と極力、矛盾を生じないように作られています。ですから、民法で扶養義務者間の生活費や教育費については互いに負担し合う義務を規定しているため、そこに課税を行うわけにはいきません。

　しかし、これを隠れ蓑にして財産移転に係る税負担の軽減を図る行為が横行すると課税の公平が妨げられるため、通常必要と認められる範囲内に限って非課税ということとされているのです。

≪扶養義務者の範囲≫

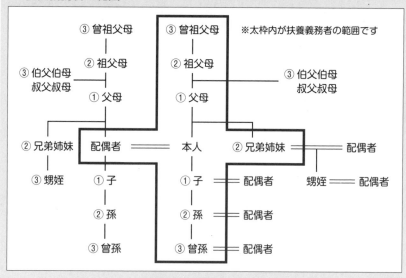

　なお、扶養義務者の概念は相続税の未成年者控除（相続税法第19条の3第2項）及び障害者控除（同法第19条の4第3項）について、それぞれの対象者の負担すべき相続税から控除しきれなかっ

た際、その控除しきれなかった部分の金額を扶養義務者の相続税から控除する、というところでも出てきます。

5 この章のまとめ

❶ 会社からご遺族に財産を移転する方法は「死亡退職金・弔慰金」「新取締役に対する役員給与」「新取締役に対する退職給与」「配当」の4つしかない

❷ 会社を解散・清算する際には最終的に会社に残った「果実」の部分がみなし配当となるため、この部分をなるべく減らすようにしたい

❸ ご遺族の手元に残す財産をなるべく大きくするためには、解散事業年度の繰戻し還付や期限切れ欠損金を活用するなど、法人税負担がなるべく小さくなるようにしたい

❹ 生前から贈与税が非課税となるものを実施しておくのもよい

第10章

生命保険における
さまざまな工夫

1 生命保険契約そのものを退職金として渡す場合の処理

　法人契約の生命保険契約があり、被保険者が退職するため、金銭での支給に代えて生命保険契約そのものを退職金として現物支給することがあります。

　これは、契約者＝保険金受取人＝法人となっているもので、被保険者に万が一のことがあった場合に法人が保険金を受け取ることになっていたものについて、契約者を法人⇒被保険者、保険金受取人を法人⇒被保険者の遺族とすることにより、退職後の被保険者の万が一の保障に充てるものです。

　退職時、新たな生命保険に加入するとなると、年齢的なことから制限が課されたり、あるいは加入できなかったりするかもしれません。しかし、既に法人が加入している契約を個人に契約者変更すれば契約自体はそのまま生きますし、被保険者としてもありがたいのです。

　この場合の法人側の処理としては、契約者変更時における時価である「変更時の解約返戻金相当額＋変更時の配当金積立額」を退職金手取り額として計上することになります。

　ただし、相当多額の前払部分がある定期保険など（基通9-3-5の2の適用があるもの）のうち、解約返戻金が資産計上額（「長期前払保険料」＋「保険積立金」）の70％未満であるものについては、資産計上額が手取り額となります。

　なお、役員やその同族関係者に対して解約返戻金をそのまま支給すると過大退職給与と認定される部分が出てくる場合があるため、注意が必要です。

【仕訳例】

～保険積立金 1,200、配当積立金 15、解約返戻金相当額 1,100 の状態で
　契約者変更を行い退職金に充てた場合

（借）　退職金　1,152（★）　　　（貸）保険積立金（保険料部分）　1,200
　　　　雑損失　　100　　　　　　　　保険積立金（配当積立部分）　　15
　　　　　　　　　　　　　　　　　　　預り金（国税＋住民税）　　　　37

　　（★）解約返戻金相当額＋配当金積立額＋源泉預り金

2 終身保険を退職金の原資とする場合の会計処理の工夫

　法人契約の終身保険は法人の資産そのものなので、解約をすれば解約返戻金がありますし、退職金を現物で支給することもできます。

　しかも、解約返戻金の保険料支払い累計額に対する割合（解約返戻率）のピーク時期を考慮しなくても良いというメリットもあることを考えると安定資産といえるでしょう。

　しかし、保険料の拠出時には費用性がないため、退職金の支払い時にまとまった費用が計上されるということから、退職金の原資とする場合には敬遠されがちです。

　せっかく、安定資産の構築と保障の両方を兼ね備えている優れた性質を持っているのに、費用の計上に大きな偏りが起きてしまうというデメリットを補う工夫ってないものでしょうか？

　税務上、損金算入額が時期的に大きな偏りができてしまうということは避けられませんが、会計上は妙案があります。

　それは、毎期末に**（役員）退職給与引当金の繰入を行う**ということです。この繰入額について、恣意的になってはなりませんが、この人（被保険者）については何年後に退職し、およそいくらくらいの退職金を支払うということは計画できるわけですから、その退職金予定額を支払いまでの年数で割ったものを毎期定額で計上していけばいいと思います。

　実際の退職金支払い時には、その退職給与引当金を戻し入れることにより特別利益が発生しますから、退職した期が一気に赤字になるということは避けることができます。

　なお、法人税法上は損金とはなりませんから、毎期の決算において別表四で当期繰入額を別表四で加算（留保）し、別表五（一）にプラスで

記載します。

　退職金の支払い時には別表四で減算（留保）し、別表五（一）にマイナスで記載して、計上額を消すことになります。

【仕訳例】
　〜毎月の保険料支払い時
　　（借）保険積立金　120,000　（貸）現預金　120,000

　〜退職までの毎期の決算において
　　（借）退職給与引当金繰入　1,500,000　（貸）退職給与引当金　1,500,000
　　（別表四にて留保加算）

　〜退職金支払い時
　　　この終身保険契約及び現預金 3,000,000 円を退職金とした。なお、この時点での保険積立金勘定残高は 14,400,000 円、退職給与引当金勘定残高は 15,000,000 円、解約返戻金相当額は 13,000,000 円とする
　　（借）退職金　16,530,000（★）　（貸）保険積立金　14,400,000
　　　　　雑損失　1,400,000　　　　　　　保現預金　3,000,000
　　　　　　　　　　　　　　　　　　　　　預り金（国税＋住民税）　530,000
　　　　（★）現金支給額＋解約返戻金相当額＋預り金

　　（借）退職給与引当金　15,000,000　（貸）退職給与引当金戻入　15,000,000
　　　　　　　　　　　　　　　　　　　　（別表四にて留保減算）

　これにより、退職金支払い時に 1,793 万円の費用・損失が計上されますが、退職給与引当金戻入として 1,500 万円が計上されますから、差し引き 293 万円だけが支払いした期の実質費用・損失計上額となります。

3 終身保険の罠

　おどろおどろしいタイトルとなっていますが、終身保険や終身医療保険など、「終身」とつく保険については気を付けるべきことがあります。

　それは、保険料をいつまで支払うのかということです。

　保険料の支払期間を保障期間に合わせることにすると、終身保険の保険料は終身払いとなります。つまり、解約しない限りは保険事故が起きるまでずっと支払い続けることになります。

　そうしているうちに、保険料の支払累計額が保険金額を超えてしまうということもないわけではありません。こうなると、加入後、間もないうちはともかく、一定時期以降は何のための保障か分からなくなってしまいます。

　このようなことを避けるために、**保険料の払込期間を契約時に決めてしまう**という方法があります。例えば、65歳払込満了として契約するのです。

　すると、保険料の支払は65歳で終わりますが、保障は一生涯続きます。この場合、一回当たりの保険料は高くなりますが、年金生活に入ってからは保険料を支払うことなく保障だけを継続することができます。

　法人の契約においても終身保険については同様のことが生じるため、生命保険契約を退職金代わりに考える場合、退職後に保険料負担を強いる結果となりますので、特に注意が必要です。

4 転換について

　転換とは、現在の契約の積立部分や積立配当金を「転換（下取り）価格」として新しい契約の一部（または新しい契約の保険料の一部）に充てることです。

　つまり、現行のＡという契約をやめて、その時点での解約返戻金や配当などの積立金をもって新しいＢという契約に入り直すことです。転換を行った場合、元々加入していた契約は消滅するのが原則です。

　生命保険会社によっては「保障見直し制度」と呼ぶこともありますが、転換後、新たに加入する生命保険は転換時の年齢で保険料が算出されますから、この点、注意が必要です。

　この場合の処理については、**いったん旧契約を解約して、その責任準備金（及び配当積立額）を新契約の保険料に充てた**と考えます。

　会計上は、新契約の責任準備金（生命保険会社が、保険事故が起きた場合の支払に備えて社内留保が義務付けられている金額）及び配当積立額相当額をその契約についての資産計上額として引き継ぎ、それを超える旧契約の資産計上額は損金の額に算入します。

┃ 通 達 ┃ で取り扱いを確認！

（保険契約の転換をした場合）

　９－３－７　法人がいわゆる契約転換制度によりその加入している養老保険、定期保険、第三分野保険又は定期付養老保険等を他の養老保険、定期保険、第三分野保険又は定期付養老保険等（以下９－３－７において「転換後契約」という。）に転換した場合には、資産に計上している保険料の額（以下９－３－７におい

て「資産計上額」という。）のうち、転換後契約の責任準備金に充当される部分の金額（以下９－３－７において「充当額」という。）を超える部分の金額をその転換をした日の属する事業年度の損金の額に算入することができるものとする。

　この場合において、資産計上額のうち充当額に相当する部分の金額については、その転換のあった日に保険料の一時払いをしたものとして、転換後契約の内容に応じて９－３－４から９－３－６の２までの例（ただし、９－３－５の２の表の資産計上期間の欄の（注）を除く。）による。

5　被保険者が死亡した場合に収受する保険金の益金算入の時期

　法人税において、益金は**権利発生主義により認識すべき**こととされています。すなわち、現金や物の収受によらず、債権などの権利が発生した事業年度において計上すべき、ということです。

　これは現金主義との対比概念ということになりますが、現金主義は測定の客観性には富む一方、現金のやりとりの時期を恣意的にずらすことによって容易に利益をコントロールできてしまうという致命的な欠陥を抱えています。

　そこで、債権などの権利が確定した時点で法人税の課税対象とすべく、権利確定主義が採用されたのです。これは、企業会計の実現主義とほぼ同義です。

　さて、被保険者が亡くなられたら保険金を収受することになるわけですが、これはいつの事業年度の益金の額に算入すべきなのでしょうか？

　これについては、次の4つが考えられると思います。

　　① 死亡の日の属する事業年度
　　② 保険金給付請求の日の属する事業年度
　　③ 支払確定通知があった日の属する事業年度
　　④ 保険金が入金した日の属する事業年度

　これについては被保険者の死亡から保険金入金までにはタイムラグがあることと、保険金は請求しなければ支払われないということからこの権利確定の時期はいつにすべきか悩むところです。

　原則として、死亡の日の属する事業年度の益金の額に算入することとされています。これは、生命保険は損害保険のような「出る、出ない」

の世界ではないため、保険事故が起きたことは一目瞭然ですし、支払の確実性が高いためだと思われます。また、保険金請求日を恣意的にずらすことによる利益操作を防止するためということもあるのでしょう。

　しかし、次のような場合はどうでしょうか？

　　Ⓐ 生命保険契約に加入して数か月で被保険者が亡くなり、保険金請求を行ったものの、自殺でないことを確認するため第三者機関の審査が入り、保険金の支払が保留となっている状態で決算を迎えた場合

　　Ⓑ 決算日当日の午後 11 時 50 分過ぎに被保険者が亡くなったため、保険金請求を当期中に行うことができない場合

　上記Ⓐの場合には、決算日どころか、申告期限となっても出るかどうかが分からないこともあります。また、Ⓑについては、戸籍上は決算日に亡くなったと記載されますが、保険金請求をすることは無理ですし、ましてや、保険金の支払いに何の問題もないということが確認され、支払通知をもらうことなんてできません。

　ここに時期的な恣意性が介入することはないのです。

　こういった特殊な場合には、申告前に所轄税務署に相談し、保険金請求日や支払通知日の属する事業年度の益金として取り扱うことができないか確認することになるでしょう。

　ちなみに、満期返戻金や解約返戻金についてはそれぞれ満期の日、解約請求の日の属する事業年度で益金を計上することとなります。

6　この章のまとめ

❶ 生命保険契約を退職金として現物支給する際には、いったん解約したと考え、その際に受領することになる「解約返戻金相当額＋配当積立額」を退職金として支給したものとして処理する

❷ 終身保険契約を退職金として現物支給する際には、保険料を拠出する各期において役員退職給与引当金を有税で引き当てることにより会計上の費用が平準化する

❸ 終身保険（死亡保険、医療保険など）は保険料支払い期間を設定しておいた方が「持ち出し」の予防となる

❹ 転換については、旧契約をいったん解約し、新契約の責任準備金及び配当積立額相当額となる金額を受領し、そのお金で新契約に新たに加入したと考える

第11章

巻末資料

令和元年6月28日改正の適用時期と適用前の関連通達

1 経過的取扱い…改正通達の適用時期

　この法令解釈通達による改正後の取扱いは**令和元年7月8日以後の契約に係る定期保険又は第三分野保険（9－3－5に定める解約返戻金相当額のない短期払の定期保険又は第三分野保険を除く。）の保険料**及び**令和元年10月8日以後の契約に係る定期保険又は第三分野保険（9－3－5に定める解約返戻金相当額のない短期払の定期保険又は第三分野保険に限る。）の保険料**について適用し，それぞれの日前の契約に係る定期保険又は第三分野保険の保険料については，この法令解釈通達による改正前の取扱い並びにこの法令解釈通達による廃止前の昭和54年6月8日付直審4－18「法人契約の新成人病保険の保険料の取扱いについて」，昭和62年6月16日付直法2－2「法人が支払う長期平準定期保険等の保険料の取扱いについて」，平成元年12月16日付直審4－52「法人又は個人事業者が支払う介護費用保険の保険料の取扱いについて」，平成13年8月10日付課審4－100「法人契約の「がん保険（終身保障タイプ）・医療保険（終身保障タイプ）」の保険料の取扱いについて（法令解釈通達）」及び平成24年4月27日付課法2－5ほか1課共同「法人が支払う「がん保険」（終身保障タイプ）の保険料の取扱いについて（法令解釈通達）」の取扱いの例による。

2 旧法人税基本通達9-3-4

（養老保険に係る保険料）

　法人が，自己を契約者とし，役員又は使用人（これらの者の親族を含む。）を被保険者とする養老保険（被保険者の死亡又は生存を保険事故

とする生命保険をいい，傷害特約等の特約が付されているものを含むが，
9-3-6 に定める定期付養老保険を含まない。以下 9-3-7 までにおいて同
じ。）に加入してその保険料（令第 135 条《確定給付企業年金等の掛金
等の損金算入》の規定の適用があるものを除く。以下 9-3-4 において
同じ。）を支払った場合には，その支払った保険料の額（傷害特約等の
特約に係る保険料の額を除く。）については，次に掲げる場合の区分に
応じ，それぞれ次により取り扱うものとする。

(1) 死亡保険金（被保険者が死亡した場合に支払われる保険金をいう。
以下 9-3-5 において同じ。）及び生存保険金（被保険者が保険期間
の満了の日その他一定の時期に生存している場合に支払われる保険
金をいう。以下 9-3-4 において同じ。）の受取人が当該法人である
場合　その支払った保険料の額は，保険事故の発生又は保険契約の
解除若しくは失効により当該保険契約が終了する時までは資産に計
上するものとする。

(2) 死亡保険金及び生存保険金の受取人が被保険者又はその遺族であ
る場合　その支払った保険料の額は，当該役員又は使用人に対する
給与とする。

(3) 死亡保険金の受取人が被保険者の遺族で，生存保険金の受取人が
当該法人である場合　その支払った保険料の額のうち，その 2 分の
1 に相当する金額は（1）により資産に計上し，残額は期間の経過
に応じて損金の額に算入する。ただし，役員又は部課長その他特定
の使用人（これらの者の親族を含む。）のみを被保険者としている
場合には，当該残額は，当該役員又は使用人に対する給与とする。

❸ 旧法人税基本通達 9-3-5
（定期保険に係る保険料）

法人が，自己を契約者とし，役員又は使用人（これらの者の親族を含

む。）を被保険者とする定期保険（一定期間内における被保険者の死亡を保険事故とする生命保険をいい，傷害特約等の特約が付されているものを含む。以下 9-3-7 までにおいて同じ。）に加入してその保険料を支払った場合には、その支払った保険料の額 (傷害特約等の特約に係る保険料の額を除く。) については、次に掲げる場合の区分に応じ，それぞれ次により取り扱うものとする。

(1) 死亡保険金の受取人が当該法人である場合　その支払った保険料の額は、期間の経過に応じて損金の額に算入する。

(2) 死亡保険金の受取人が被保険者の遺族である場合　その支払った保険料の額は、期間の経過に応じて損金の額に算入する。ただし，役員又は部課長その他特定の使用人（これらの者の親族を含む。）のみを被保険者としている場合には、当該保険料の額は、当該役員又は使用人に対する給与とする。

❹ 旧法人税基本通達 9-3-6
（定期付養老保険に係る保険料）

法人が、自己を契約者とし、役員又は使用人（これらの者の親族を含む。）を被保険者とする定期付養老保険（養老保険に定期保険を付したものをいう。以下 9-3-7 までにおいて同じ。）に加入してその保険料を支払った場合には，その支払った保険料の額（傷害特約等の特約に係る保険料の額を除く。）については，次に掲げる場合の区分に応じ，それぞれ次により取り扱うものとする。

(1) 当該保険料の額が生命保険証券等において養老保険に係る保険料の額と定期保険に係る保険料の額とに区分されている場合　それぞれの保険料の額について 9-3-4 又は 9-3-5 の例による。

(2)（1）以外の場合　その保険料の額について 9-3-4 の例による。

5 旧法人税基本通達9-3-6の2

(傷害特約等に係る保険料)

　法人が、自己を契約者とし、役員又は使用人（これらの者の親族を含む。）を被保険者とする傷害特約等の特約を付した養老保険、定期保険又は定期付養老保険に加入し、当該特約に係る保険料を支払った場合には、その支払った保険料の額は、期間の経過に応じて損金の額に算入することができる。ただし、役員又は部課長その他特定の使用人（これらの者の親族を含む。）のみを傷害特約等に係る給付金の受取人としている場合には、当該保険料の額は、当該役員又は使用人に対する給与とする。

6 旧法人税基本通達9-3-7

(保険契約の転換をした場合)

　法人がいわゆる契約転換制度によりその加入している養老保険又は定期付養老保険を他の養老保険、定期保険又は定期付養老保険（以下9-3-7において「転換後契約」という。）に転換した場合には，資産に計上している保険料の額（以下9-3-7において「資産計上額」という。）のうち、転換後契約の責任準備金に充当される部分の金額（以下9-3-7において「充当額」という。）を超える部分の金額をその転換をした日の属する事業年度の損金の額に算入することができるものとする。この場合において，資産計上額のうち充当額に相当する部分の金額については、その転換のあった日に保険料の一時払いをしたものとして、転換後契約の内容に応じて9-3-4から9-3-6までの例による。

7 旧法人税基本通達9-3-7の2

(払済保険へ変更した場合)

　法人が既に加入している生命保険をいわゆる払済保険に変更した場合には，原則として，その変更時における解約返戻金相当額とその保険契約により資産に計上している保険料の額（以下9-3-7の2において「資

産計上額」という。）との差額を，その変更した日の属する事業年度の益金の額又は損金の額に算入する。ただし，既に加入している生命保険の保険料の全額（傷害特約等に係る保険料の額を除く。）が役員又は使用人に対する給与となる場合は，この限りでない。

(注) 1　養老保険，終身保険及び年金保険（定期保険特約が付加されていないものに限る。）から同種類の払済保険に変更した場合に，本文の取扱いを適用せずに，既往の資産計上額を保険事故の発生又は解約失効等により契約が終了するまで計上しているときは，これを認める。
2　本文の解約返戻金相当額については，その払済保険へ変更した時点において当該変更後の保険と同一内容の保険に加入して保険期間の全部の保険料を一時払いしたものとして，9-3-4 から 9-3-6 までの例により処理するものとする。
3　払済保険が復旧された場合には，払済保険に変更した時点で益金の額又は損金の額に算入した金額を復旧した日の属する事業年度の損金の額又は益金の額に，また，払済保険に変更した後に損金の額に算入した金額は復旧した日の属する事業年度の益金の額に算入する。

８ 旧法人税基本通達 9-3-8
（契約者配当）

　法人が生命保険契約（適格退職年金契約に係るものを含む。）に基づいて支払を受ける契約者配当の額については，その通知（据置配当については，その積立てをした旨の通知）を受けた日の属する事業年度の益金の額に算入するのであるが，当該生命保険契約が 9-3-4 の（1）に定める場合に該当する場合 (9-3-6 の (2) により 9-3-4 の (1) の例による場合を含む。）には，当該契約者配当の額を資産に計上している保険料の額から控除することができるものとする。

(注) 1　契約者配当の額をもっていわゆる増加保険に係る保険料の額に充当することになっている場合には，その保険料の額については，

9-3-4 から 9-3-6 までに定めるところによる。

2　据置配当又は未収の契約者配当の額に付される利子の額について
は，その通知のあった日の属する事業年度の益金の額に算入するの
であるから留意する。

⑨ 法人が支払う長期平準定期保険等の保険料の取扱いについて（昭和62年6月16日付直法2－2）

(1) 対象とする定期保険の範囲

この通達に定める取扱いの対象とする定期保険は、法人が、自己を
契約者とし、役員又は使用人（これらの者の親族を含む。）を被保険
者として加入した定期保険（一定期間内における被保険者の死亡を保
険事故とする生命保険をいい、障害特約等の特約の付されているもの
を含む。以下同じ。）のうち、次に掲げる長期平準定期保険及び逓増
定期保険（以下これらを「長期平準定期保険等」という。）とする。（平
8年課法2－3、平20年課法2－3により改正）

① **長期平準定期保険**（その保険期間満了の時における被保険者の年
齢が70歳を超え、かつ、当該保険に加入した時における被保険者
の年齢に保険期間の2倍に相当する数を加えた数が105を超える
ものをいい、②に該当するものを除く。）

② **逓増定期保険**（保険期間の経過により保険金額が5倍までの範囲
で増加する定期保険のうち、その保険期間満了の時における被保険
者の年齢が45歳を超えるものをいう。）

（注）「保険に加入した時における被保険者の年齢」とは、保険契約証
書に記載されている契約年齢をいい、「保険期間満了の時における
被保険者の年齢」とは、契約年齢に保険期間の年数を加えた数に相
当する年齢をいう。

(2) 長期平準定期保険等に係る保険料の損金算入時期

　　法人が長期平準定期保険等に加入してその保険料を支払った場合（役員又は部課長その他特定の使用人（これらの者の親族を含む。）のみを被保険者とし、死亡保険金の受取人を被保険者の遺族としているため、その保険料の額が当該役員又は使用人に対する給与となる場合を除く。）には、法人税基本通達９－３－５及び９－３－６（（定期保険に係る保険料等））にかかわらず、次により取り扱うものとする。（平８年課法２－３、平20年課法２－３により改正）

① 　次表に定める区分に応じ、それぞれ次表に定める前払期間を経過するまでの期間にあっては、各年の支払保険料の額のうち次表に定める資産計上額を前払金等として資産に計上し、残額については、一般の定期保険（法人税基本通達９－３－５の適用対象となる定期保険をいう。以下同じ。）の保険料の取扱いの例により損金の額に算入する。

〔前払期間、資産計上額等の表〕

		区分	前払期間	資産計上額
(1) 長期平準 定期保険		保険期間満了の時における被保険者の年齢が70歳を超え、かつ、当該保険に加入した時における被保険者の年齢に保険期間の2倍に相当する数を加えた数が105を超えるもの	保険期間の開始の時から当該保険期間の60%に相当する期間	支払保険料の2分の1に相当する金額
(2) 逓増定期保険	①	保険期間満了の時における被保険者の年齢が45歳を超えるもの（②又は③に該当するものを除く。）	保険期間の開始の時から当該保険期間の60%に相当する期間	支払保険料の2分の1に相当する金額
	②	保険期間満了の時における被保険者の年齢が70歳を超え、かつ、当該保険に加入した時における被保険者の年齢に保険期間の2倍に相当する数を加えた数が95を超えるもの（③に該当するものを除く。）	同上	支払保険料の3分の2に相当する金額
	③	保険期間満了の時における被保険者の年齢が80歳を超え、かつ、当該保険に加入した時における被保険者の年齢に保険期間の2倍に相当する数を加えた数が120を超えるもの	同上	支払保険料の4分の3に相当する金額

（注）前払期間に1年未満の端数がある場合には、その端数を切り捨てた期間を前払期間とする。

②　保険期間のうち前払期間を経過した後の期間にあっては、各年の支払保険料の額を一般の定期保険の保険料の取扱いの例により損金の額に算入するとともに、①により資産に計上した前払金等の累積額をその期間の経過に応じ取り崩して損金の額に算入する。

（注）イ　保険期間の全部又はその数年分の保険料をまとめて支払った場合には、いったんその保険料の全部を前払金として資産に計上し、その支払の対象となった期間（全保険期間分の保険料の合計額をその全保険期間を下回る一定の期間に分割して支払う場合には、その全保険期間とする。）の経過に応ずる経過期間分の保険料について、①又は②の処理を行うことに留意する。

ロ　養老保険等に付された長期平準定期保険等特約（特約の内容が長期平準定期保険等と同様のものをいう。）に係る保険料が主契約たる当該養老保険等に係る保険料と区分されている場合には、当該特約に係る保険料についてこの通達に定める取扱いの適用があることに留意する。

🔟 法人又は個人事業者が支払う介護費用保険の保険料の取扱いについて（平成元年12月16日付直審4－52他1課共同）

(1) 介護費用保険の内容

この通達に定める取扱いの対象とする介護費用保険は、法人又は事業を営む個人（これらを以下「事業者」という。）が、自己を契約者とし、役員又は使用人（これらの者の親族を含む。）を被保険者として加入した損害保険で被保険者が寝たきり又は痴ほうにより介護が必要な状態になったときに保険事故が生じたとして保険金が被保険者に支払われるものとする。

(2) 介護費用保険に係る保険料の損金又は必要経費算入の時期

事業者が介護費用保険に加入してその保険料を支払った場合（役員又は部課長その他特定の使用人（これらの者の親族を含む。）のみを被保険者とし、保険金の受取人を被保険者としているため、その保険料の額が当該役員又は使用人に対する給与となる場合を除く。）には、次により取り扱うものとする。

① 保険料を年払又は月払する場合には、支払の対象となる期間の経過に応じて損金の額又は必要経費に算入するものとするが、保険料払込期間のうち被保険者が60歳に達するまでの支払分については、その50％相当額を前払費用等として資産に計上し、被保険者が60歳に達した場合には、当該資産に計上した前払費用等の累積額を60歳以後の15年で期間の経過により損金の額又は必要経費に算入

するものとする。

② 　保険料を一時払する場合には、保険料払込期間を加入時から75歳に達するまでと仮定し、その期間の経過に応じて期間経過分の保険料につき①により取り扱う。

③ 　保険事故が生じた場合には、①又は②にかかわらず資産計上している保険料について一時の損金の額又は必要経費に算入することができる。

　　(注)１．数年分の保険料をまとめて支払った場合には、いったんその保険料の全額を前払金として資産に計上し、その支払の対象となった期間の経過に応ずる経過期間分の保険料について、①の取扱いによることに留意する。

　　　　２．被保険者の年齢が60歳に達する前に保険料を払済みとする保険契約又は払込期間が15年以下の短期払済みの年払又は月払の保険契約にあっては、支払保険料の総額を一時払したものとして②の取扱いによる。

　　　　３．保険料を年払又は月払する場合において、保険事故が生じたときには、以後の保険料の支払は免除される。しかし、免除後に要介護の状態がなくなったときは、再度保険料の支払を要することとされているが、当該支払保険料は支払の対象となる期間の経過に応じて損金の額又は必要経費に算入するものとする。

(3) 被保険者である役員又は使用人の課税関係

　被保険者である役員又は使用人については、介護費用保険が掛け捨ての保険であるので、法人税基本通達9-3-5又は所得税基本通達36-31の2に定める取扱いに準じて取り扱う。

(4) 保険契約者の地位を変更した場合（退職給与の一部とした場合等）の課税関係

　保険契約者である事業者が、被保険者である役員又は使用人が退職

したことに伴い介護費用保険の保険契約者の地位（保険契約の権利）
を退職給与の全部又は一部として当該役員又は使用人に供与した場合
には、所得税基本通達 36-37 に準じ当該契約を解除した場合の解約
返戻金の額相当額が退職給与として支給されたものとして取り扱う。

　なお、事業者が保険契約者の地位を変更せず、定年退職者のために
引き続き保険料を負担している場合であっても、所得税の課税対象と
しなくて差し支えない（役員又は部課長その他特定の使用人（これら
の者の親族を含む。）のみを被保険者とし、保険金の受取人を被保険
者としている場合を除く。）。

(5) 保険金の支払を受けた役員又は使用人の課税関係

　被保険者である役員又は使用人が保険金の支払を受けた場合には、
当該保険金は所得税法施行令第 30 条（（非課税とされる保険金、損
害賠償金等））に規定する保険金に該当するものとして、非課税とし
て取り扱う。

11 法人契約の「がん保険（終身保障タイプ）・医療保険（終身保障タイプ）」の保険料の取扱いについて（平成 13 年 8 月 10 日付課審 4 - 100 他 1 課共同）

＜医療保険（終身保障タイプ）の概要＞
(1) 主たる保険事故及び保険金

保険事故	保険金
災害による入院	災害入院給付金
病気による入院	病気入院給付金
災害又は病気による手術	手術給付金

　（注）保険期間の終了（保険事故の発生による終了を除く。）に際して支

　払う保険金はない。

　　なお上記に加えて、ごく小額の普通死亡保険金を支払うものもある。

(2) 保険期間　　　　　　終身

(3) 保険料払込方法　　　一時払、年払、半年払、月払

(4) 保険料払込期間　　　終身払込、有期払込

(5) 保険金受取人　　　　会社、役員又は使用人（これらの者の親族を含む。）

(6) 払戻金

　この保険は、保険料は掛け捨てでいわゆる満期保険金はないが、保険契約の失効、告知義務違反による解除及び解約等の場合には、保険料の払込期間に応じた所定の払戻金が保険契約者に払い戻される。これは、保険期間が長期にわたるため、高齢化するにつれて高まる死亡率等に対して、平準化した保険料を算出しているためである。

＜保険料の税務上の取扱いについて＞

(1) 保険金受取人が会社の場合

①　終身払込の場合は、保険期間の終了（保険事故の発生による終了を除く。）に際して支払う保険金がないこと及び保険契約者にとって毎年の付保利益は一定であることから、保険料は保険期間の経過に応じて平準的に費用化することが最も自然であり、その払込の都度損金の額に算入する。

②　有期払込の場合は、保険料払込期間と保険期間の経過とが対応しておらず、支払う保険料の中に前払保険料が含まれていることから、生保標準生命表の最終の年齢「男性１０６歳、女性１０９歳」を参考に「１０５歳」を「計算上の満期到達時年齢」とし、払込保険料に「保険料払込期間を１０５歳と加入時年齢の差で除した割合」を乗じた金額を損金の額に算入し、残余の金額を積立保険料として資産に計上する。

③　保険料払込満了後は、保険料払込満了時点の資産計上額を「１０５

歳と払込満了時年齢の差」で除した金額を資産計上額より取り崩して、損金の額に算入する。ただし、この取り崩し額は年額であるため、払込満了時が事業年度の中途である場合には、月数あん分により計算する。

(2) 保険金受取人が役員又は使用人（これらの者の親族を含む。）の場合

①　終身払込の場合は、保険期間の終了（保険事故の発生による終了を除く。）に際して支払う保険金がないこと及び保険契約者にとって毎年の付保利益は一定であることから、保険料は保険期間の経過に応じて平準的に費用化することが最も自然であり、その払込の都度損金の額に算入する。

②　有期払込の場合は、保険料払込期間と保険期間の経過とが対応しておらず、支払う保険料の中に前払保険料が含まれていることから、生保標準生命表の最終の年齢「男性１０６歳、女性１０９歳」を参考に「１０５歳」を「計算上の満期到達時年齢」とし、払込保険料に「保険料払込期間を１０５歳と加入時年齢の差で除した割合」を乗じた金額を損金の額に算入し、残余の金額を積立保険料として資産に計上する。

③　保険料払込満了後は、保険料払込満了時点の資産計上額を「１０５歳と払込満了時年齢の差」で除した金額を資産計上額より取り崩して、損金の額に算入する。ただし、この取り崩し額は年額であるため、払込満了時が事業年度の中途である場合には、月数あん分により計算する。

④　ただし、役員又は部課長その他特定の使用人（これらの者の親族を含む。）のみを被保険者としている場合には、当該役員又は使用人に対する給与とする。

12 法人が支払う「がん保険」（終身保障タイプ）の保険料の取扱いについて（平成24年4月27日付課法2－5他1課共同）

(1) 対象とする「がん保険」の範囲

　　この法令解釈通達に定める取扱いの対象とする「がん保険」の契約内容等は、以下のとおりである。

① 契約者等

　　法人が自己を契約者とし、役員又は使用人（これらの者の親族を含む。）を被保険者とする契約。

　　ただし、役員又は部課長その他特定の使用人（これらの者の親族を含む。）のみを被保険者としており、これらの者を保険金受取人としていることによりその保険料が給与に該当する場合の契約を除く。

② 主たる保険事故及び保険金

　　次に掲げる保険事故の区分に応じ、それぞれ次に掲げる保険金が支払われる契約。

保険事故	保険金
初めてがんと診断	がん診断給付金
がんによる入院	がん入院給付金
がんによる手術	がん手術給付金
がんによる死亡	がん死亡保険金

（注）1．がん以外の原因により死亡した場合にごく小額の普通死亡保険金を支払うものを含むこととする。

　　　2．毎年の付保利益が一定（各保険金が保険期間を通じて一定であることをいう。）である契約に限る（がん以外の原因により死亡した場合にごく小額の普通死亡保険金を支払う契約のうち、保険料払込期間が有期払込であるもので、保険料払込期間において当該普通死亡保険金の支払がなく、保険料払込期間が終了した後の期間においてごく小額の普通死亡保険金を支払うものを含む。）。

③ 保険期間

　　保険期間が終身である契約。

④ 保険料払込方法

　　保険料の払込方法が一時払、年払、半年払又は月払の契約。

⑤ 保険料払込期間

　　保険料の払込期間が終身払込又は有期払込の契約。

⑥ 保険金受取人

　　保険金受取人が会社、役員又は使用人（これらの者の親族を含む。）
の契約。

⑦ 払戻金

　　保険料は掛け捨てであり、いわゆる満期保険金はないが、保険契
約の失効、告知義務違反による解除及び解約等の場合には、保険料
の払込期間に応じた所定の払戻金が保険契約者に払い戻されること
がある。

　（注）上記の払戻金は、保険期間が長期にわたるため、高齢化するに
　　　つれて高まる保険事故の発生率等に対して、平準化した保険料を算
　　　出していることにより払い戻されるものである。

(2) 保険料の税務上の取扱い

　　法人が「がん保険」に加入してその保険料を支払った場合には、次
に掲げる保険料の払込期間の区分等に応じ、それぞれ次のとおり取り
扱う。

①終身払込の場合

　イ　前払期間

　　　加入時の年齢から１０５歳までの期間を計算上の保険期間（以
　　下「保険期間」という。）とし、当該保険期間開始の時から当該
　　保険期間の５０％に相当する期間（以下「前払期間」という。）
　　を経過するまでの期間にあっては、各年の支払保険料の額のうち

2分の1に相当する金額を前払金等として資産に計上し、残額については損金の額に算入する。

(注) 前払期間に1年未満の端数がある場合には、その端数を切り捨てた期間を前払期間とする。

ロ　前払期間経過後の期間

保険期間のうち前払期間を経過した後の期間にあっては、各年の支払保険料の額を損金の額に算入するとともに、次の算式により計算した金額を、イによる資産計上額の累計額（既にこのロの処理により取り崩した金額を除く。）から取り崩して損金の額に算入する。

[算　式]

$$資産計上額の累計額 \times \frac{1}{105 - 前払期間経過年齢} = \underset{(年\ 額)}{損金算入額}$$

(注) 前払期間経過年齢とは、被保険者の加入時年齢に前払期間の年数を加算した年齢をいう。

② 有期払込（一時払を含む。）の場合

イ　前払期間

保険期間のうち前払期間を経過するまでの期間にあっては、次に掲げる期間の区分に応じ、それぞれ次に定める処理を行う。

(イ) 保険料払込期間が終了するまでの期間

次の算式により計算した金額（以下「当期分保険料」という。）を算出し、各年の支払保険料の額のうち、当期分保険料の2分の1に相当する金額と当期分保険料を超える金額を前払金等として資産に計上し、残額については損金の額に算入する。

[算　式]

$$支払保険料（年　額） \times \frac{保険料払込期間}{保険期間} = 当期分保険料（年　額）$$

（注）保険料払込方法が一時払の場合には、その一時払による支払保険料を上記算ｓ式の「支払保険料（年額）」とし、「保険料払込期間」を１として計算する。

（ロ）保険料払込期間が終了した後の期間

　　当期分保険料の２分の１に相当する金額を、（イ）による資産計上額の累計額（既にこの（ロ）の処理により取り崩した金額を除く。）から取り崩して損金の額に算入する。

ロ　前払期間経過後の期間

　保険期間のうち前払期間を経過した後の期間にあっては、次に掲げる期間の区分に応じ、それぞれ次に定める処理を行う。

（イ）保険料払込期間が終了するまでの期間

　　各年の支払保険料の額のうち、当期分保険料を超える金額を前払金等として資産に計上し、残額については損金の額に算入する。

　　また、次の算式により計算した金額（以下「取崩損金算入額」という。）を、イの（イ）による資産計上額の累計額（既にこの（イ）の処理により取り崩した金額を除く。）から取り崩して損金の額に算入する。

[算　式]

$$\left[\frac{当期分保険料}{2} \times 前払期間 \right] \times \frac{1}{105 - 前払期間経過年齢} = 取崩損金算入額$$

（ロ）保険料払込期間が終了した後の期間

　　当期分保険料の金額と取崩損金算入額を、イ及びこのロの(イ)による資産計上額の累計額（既にイの（ロ）及びこのロの処理により取り崩した金額を除く。）から取り崩して損金の額に算入する。

③　例外的取扱い

　　保険契約の解約等において払戻金のないもの（保険料払込期間が有期払込であり、保険料払込期間が終了した後の解約等においてごく小額の払戻金がある契約を含む。）である場合には、上記①及び②にかかわらず、保険料の払込の都度当該保険料を損金の額に算入する。

2 現行の法人税基本通達 9-3-4 ～ 9-3-8

1 法人税基本通達 9-3-4

（養老保険に係る保険料）

　法人が、自己を契約者とし、役員又は使用人（これらの者の親族を含む。）を被保険者とする養老保険（被保険者の死亡又は生存を保険事故とする生命保険をいい、特約が付されているものを含むが、9－3－6に定める定期付養老保険等を含まない。以下9－3－7の2までにおいて同じ。）に加入してその保険料（令第135条《確定給付企業年金等の掛金等の損金算入》の規定の適用があるものを除く。以下9－3－4において同じ。）を支払った場合には、その支払った保険料の額（特約に係る保険料の額を除く。）については、次に掲げる場合の区分に応じ、それぞれ次により取り扱うものとする。

(1) 死亡保険金（被保険者が死亡した場合に支払われる保険金をいう。以下9－3－4において同じ。）及び生存保険金（被保険者が保険期間の満了の日その他一定の時期に生存している場合に支払われる保険金をいう。以下9－3－4において同じ。）の受取人が当該法人である場合　その支払った保険料の額は、保険事故の発生又は保険契約の解除若しくは失効により当該保険契約が終了する時までは資産に計上するものとする。

(2) 死亡保険金及び生存保険金の受取人が被保険者又はその遺族である場合　その支払った保険料の額は、当該役員又は使用人に対する給与とする。

(3) 死亡保険金の受取人が被保険者の遺族で、生存保険金の受取人が当該法人である場合　その支払った保険料の額のうち、その2分の1に相当する金額は（1）により資産に計上し、残額は期間の経過に応じて損金の額に算入する。ただし、役員又は部課長その他特定の使用人（これらの者の親族を含む。）のみを被保険者としている場合には、当該残額は、当該役員又は使用人に対する給与とする。

2 法人税基本通達9-3-5

（定期保険及び第三分野保険に係る保険料）

　法人が、自己を契約者とし、役員又は使用人（これらの者の親族を含む。）を被保険者とする定期保険（一定期間内における被保険者の死亡を保険事故とする生命保険をいい、特約が付されているものを含む。以下9－3－7の2までにおいて同じ。）又は第三分野保険（保険業法第3条第4項第2号《免許》に掲げる保険（これに類するものを含む。）をいい、特約が付されているものを含む。以下9－3－7の2までにおいて同じ。）に加入してその保険料を支払った場合には、その支払った保険料の額（特約に係る保険料の額を除く。以下9－3－5の2までにおいて同じ。）については、9－3－5の2《定期保険等の保険料に相当多額の前払部分の保険料が含まれる場合の取扱い》の適用を受けるものを除き、次に掲げる場合の区分に応じ、それぞれ次により取り扱うものとする。

(1) 保険金又は給付金の受取人が当該法人である場合

　その支払った保険料の額は、原則として、期間の経過に応じて損金の額に算入する。

(2) 保険金又は給付金の受取人が被保険者又はその遺族である場合

　その支払った保険料の額は、原則として、期間の経過に応じて損金の額に算入する。ただし、役員又は部課長その他特定の使用人（こ

れらの者の親族を含む。）のみを被保険者としている場合には、当該保険料の額は、当該役員又は使用人に対する給与とする。

（注）1. 保険期間が終身である第三分野保険については、保険期間の開始の日から被保険者の年齢が116歳に達する日までを計算上の保険期間とする。

　2.（1）及び（2）前段の取扱いについては、法人が、保険期間を通じて解約返戻金相当額のない定期保険又は第三分野保険（ごく少額の払戻金のある契約を含み、保険料の払込期間が保険期間より短いものに限る。以下9－3－5において「解約返戻金相当額のない短期払の定期保険又は第三分野保険」という。）に加入した場合において、当該事業年度に支払った保険料の額（一の被保険者につき2以上の解約返戻金相当額のない短期払の定期保険又は第三分野保険に加入している場合にはそれぞれについて支払った保険料の額の合計額）が30万円以下であるものについて、その支払った日の属する事業年度の損金の額に算入しているときには、これを認める。

❸ 法人税基本通達9-3-5の2

（定期保険等の保険料に相当多額の前払部分の保険料が含まれる場合の取扱い）

　法人が、自己を契約者とし、役員又は使用人（これらの者の親族を含む。）を被保険者とする保険期間が3年以上の定期保険又は第三分野保険（以下9－3－5の2において「定期保険等」という。）で最高解約返戻率が50%を超えるものに加入して、その保険料を支払った場合には、当期分支払保険料の額については、次表に定める区分に応じ、それぞれ次により取り扱うものとする。

　ただし、これらの保険のうち、最高解約返戻率が70%以下で、かつ、年換算保険料相当額（一の被保険者につき2以上の定期保険等に加入している場合にはそれぞれの年換算保険料相当額の合計額）が30万円以下の保険に係る保険料を支払った場合については、9－3－5の

例によるものとする。

(1)　当該事業年度に次表の資産計上期間がある場合には、当期分支払保険料の額のうち、次表の資産計上額の欄に掲げる金額（当期分支払保険料の額に相当する額を限度とする。）は資産に計上し、残額は損金の額に算入する。

　（注）　当該事業年度の中途で次表の資産計上期間が終了する場合には、次表の資産計上額については、当期分支払保険料の額を当該事業年度の月数で除して当該事業年度に含まれる資産計上期間の月数（1月未満の端数がある場合には、その端数を切り捨てる。）を乗じて計算した金額により計算する。また、当該事業年度の中途で次表の資産計上額の欄の「保険期間の開始の日から、10年を経過する日」が到来する場合の資産計上額についても、同様とする。

(2)　当該事業年度に次表の資産計上期間がない場合（当該事業年度に次表の取崩期間がある場合を除く。）には、当期分支払保険料の額は、損金の額に算入する。

(3)　当該事業年度に次表の取崩期間がある場合には、当期分支払保険料の額（(1)により資産に計上することとなる金額を除く。）を損金の額に算入するとともに、(1)により資産に計上した金額の累積額を取崩期間（当該取崩期間に1月未満の端数がある場合には、その端数を切り上げる。）の経過に応じて均等に取り崩した金額のうち、当該事業年度に対応する金額を損金の額に算入する。

区分	資産計上期間	資産計上額	取崩期間
最高解約返戻率 50%超 70%以下	保険期間の開始の日から、当該保険期間の100分の40相当期間を経過する日まで	当期分支払保険料の額に100分の40を乗じて計算した金額	保険期間の100分の75相当期間経過後から、保険期間の終了の日まで
最高解約返戻率 70%超 85%以下		当期分支払保険料の額に100分の60を乗じて計算した金額	
最高解約返戻率 85%超	保険期間の開始の日から、最高解約返戻率となる期間（当該期間経過後の各期間において、その期間における解約返戻金相当額からその直前の期間における解約返戻金相当額を控除した金額を年換算保険料相当額で除した割合が100分の70を超える期間がある場合には、その超えることとなる期間）の終了の日まで （注）上記の資産計上期間が5年未満となる場合には、保険期間の開始の日から、5年を経過する日まで（保険期間が10年未満の場合には、保険期間の開始の日から、当該保険期間の100分の50相当期間を経過する日まで）とする。	当期分支払保険料の額に最高解約返戻率の100分の70（保険期間の開始の日から、10年を経過する日までは、100分の90）を乗じて計算した金額	解約返戻金相当額が最も高い金額となる期間（資産計上期間がこの表の資産計上期間の欄に掲げる（注）に該当する場合には、当該（注）による資産計上期間）経過後から、保険期間の終了の日まで

（注）1.「最高解約返戻率」、「当期分支払保険料の額」、「年換算保険料相当額」及び「保険期間」とは、それぞれ次のものをいう。

 i 最高解約返戻率とは、その保険の保険期間を通じて解約返戻率（保険契約時において契約者に示された解約返戻金相当額について、それを受けることとなるまでの間に支払うこととなる保険料の額の合計額で除した割合）が最も高い割合となる期間におけるその割合をいう。

 ii 当期分支払保険料の額とは、その支払った保険料の額のうち当該事業年度に対応する部分の金額をいう。

 iii 年換算保険料相当額とは、その保険の保険料の総額を保険

期間の年数で除した金額をいう。

iv　保険期間とは、保険契約に定められている契約日から満了日までをいい、当該保険期間の開始の日以後1年ごとに区分した各期間で構成されているものとして本文の取扱いを適用する。

2．保険期間が終身である第三分野保険については、保険期間の開始の日から被保険者の年齢が116歳に達する日までを計算上の保険期間とする。

3．表の資産計上期間の欄の「最高解約返戻率となる期間」及び「100分の70を超える期間」並びに取崩期間の欄の「解約返戻金相当額が最も高い金額となる期間」が複数ある場合には、いずれもその最も遅い期間がそれぞれの期間となることに留意する。

4．一定期間分の保険料の額の前払をした場合には、その全額を資産に計上し、資産に計上した金額のうち当該事業年度に対応する部分の金額について、本文の取扱いによることに留意する。

5．本文の取扱いは、保険契約時の契約内容に基づいて適用するのであるが、その契約内容の変更があった場合、保険期間のうち当該変更以後の期間においては、変更後の契約内容に基づいて9－3－4から9－3－6の2の取扱いを適用する。

　なお、その契約内容の変更に伴い、責任準備金相当額の過不足の精算を行う場合には、その変更後の契約内容に基づいて計算した資産計上額の累積額と既往の資産計上額の累積額との差額について調整を行うことに留意する。

6．保険金又は給付金の受取人が被保険者又はその遺族である場合であって、役員又は部課長その他特定の使用人（これらの者の親族を含む。）のみを被保険者としているときには、本文の取扱いの適用はなく、9－3－5の（2）の例により、その支払った保険料の額は、当該役員又は使用人に対する給与となる。

4 法人税基本通達 9-3-6

（定期付養老保険等に係る保険料）

　法人が、自己を契約者とし、役員又は使用人（これらの者の親族を含む。）を被保険者とする定期付養老保険等（養老保険に定期保険又は第三分野保険を付したものをいう。以下9－3－7までにおいて同じ。）に加入してその保険料を支払った場合には、その支払った保険料の額（特約に係る保険料の額を除く。）については、次に掲げる場合の区分に応じ、それぞれ次により取り扱うものとする。

（1）当該保険料の額が生命保険証券等において養老保険に係る保険料の額と定期保険又は第三分野保険に係る保険料の額とに区分されている場合　それぞれの保険料の額について9－3－4、9－3－5又は9－3－5の2の例による。

（2）（1）以外の場合　その保険料の額について9－3－4の例による。

5 法人税基本通達 9-3-6 の 2

（特約に係る保険料）

　法人が、自己を契約者とし、役員又は使用人（これらの者の親族を含む。）を被保険者とする特約を付した養老保険、定期保険、第三分野保険又は定期付養老保険等に加入し、当該特約に係る保険料を支払った場合には、その支払った保険料の額については、当該特約の内容に応じ、9－3－4、9－3－5又は9－3－5の2の例による。

6 法人税基本通達 9-3-7

（保険契約の転換をした場合）

　法人がいわゆる契約転換制度によりその加入している養老保険、定期保険、第三分野保険又は定期付養老保険等を他の養老保険、定期保険、第三分野保険又は定期付養老保険等（以下9－3－7において「転

236

換後契約」という。）に転換した場合には、資産に計上している保険料の額（以下9－3－7において「資産計上額」という。）のうち、転換後契約の責任準備金に充当される部分の金額（以下9－3－7において「充当額」という。）を超える部分の金額をその転換をした日の属する事業年度の損金の額に算入することができるものとする。

　この場合において、資産計上額のうち充当額に相当する部分の金額については、その転換のあった日に保険料の一時払いをしたものとして、転換後契約の内容に応じて9－3－4から9－3－6の2までの例（ただし、9－3－5の2の表の資産計上期間の欄の（注）を除く。）による。

7 法人税基本通達9-3-7の2

（払済保険へ変更した場合）

　法人が既に加入している生命保険をいわゆる払済保険に変更した場合には、原則として、その変更時における解約返戻金相当額とその保険契約により資産に計上している保険料の額（以下9－3－7の2において「資産計上額」という。）との差額を、その変更した日の属する事業年度の益金の額又は損金の額に算入する。ただし、既に加入している生命保険の保険料の全額（特約に係る保険料の額を除く。）が役員又は使用人に対する給与となる場合は、この限りでない。

　　（注）1．養老保険、終身保険、定期保険、第三分野保険及び年金保険（特約が付加されていないものに限る。）から同種類の払済保険に変更した場合に、本文の取扱いを適用せずに、既往の資産計上額を保険事故の発生又は解約失効等により契約が終了するまで計上しているときは、これを認める。

　　　　　2．本文の解約返戻金相当額については、その払済保険へ変更した時点において当該変更後の保険と同一内容の保険に加入して保険期間の全部の保険料を一時払いしたものとして、9－3－4から

237

9－3－6までの例（ただし、9－3－5の2の表の資産計上期間の欄の（注）を除く。）により処理するものとする。

3．払済保険が復旧された場合には、払済保険に変更した時点で益金の額又は損金の額に算入した金額を復旧した日の属する事業年度の損金の額又は益金の額に、また、払済保険に変更した後に損金の額に算入した金額は復旧した日の属する事業年度の益金の額に算入する。

8 法人税基本通達 9-3-8

（契約者配当）

法人が生命保険契約（適格退職年金契約に係るものを含む。）に基づいて支払を受ける契約者配当の額については、その通知（据置配当については、その積立てをした旨の通知）を受けた日の属する事業年度の益金の額に算入するのであるが、当該生命保険契約が9－3－4の（1）に定める場合に該当する場合（9－3－6の（2）により9－3－4の（1）の例による場合を含む。）には、当該契約者配当の額を資産に計上している保険料の額から控除することができるものとする。

（注）1．契約者配当の額をもっていわゆる増加保険に係る保険料の額に充当することになっている場合には、その保険料の額については、9－3－4から9－3－6までに定めるところによる。

2．据置配当又は未収の契約者配当の額に付される利子の額については、その通知のあった日の属する事業年度の益金の額に算入するのであるから留意する。

【著者紹介】

坂野上　満（さかのうえ・みつる）

昭和45年1月　富山県高岡市に生まれる

平成4年3月　明治大学商学部商学科卒業

　　　　　　その後富山県内のプラスチック製造会社にて3年半

　　　　　　勤務し、生産管理や現場改善のノウハウを学んだ後、

　　　　　　税理士事務所に勤務しながら平成10年に税理士試験合格

平成11年11月　税理士登録

平成14年4月　富山県高岡市に坂野上満税理士事務所を開業

平成14年11月　行政書士登録

平成20年2月　ファイナンシャルプランナー（CFP®）認定

平成25年9月　国立大学法人金沢大学法科大学院にて「租税法」非常勤講師に

　　　　　　就任

　　メーカー勤務の経験を生かし、現場の分かる若手税理士として製造・建
設・運輸業を中心とした経営の合理化を進めている。

　　また、平成16年より税務・会計及びコミュニケーションをテーマとした
講演を東京、千葉、山梨、札幌、名古屋、大阪、神戸などで行い、具体的
で飽きさせないセミナーを展開している。

　　著書に『駆け出し税理士の事務所構築術』、『法人税・消費税　迷いやす
い事例の実務対応』、『所得税・個人事業者の消費税　迷いやすい事例の実
務対応』、『税務署はここを見ている　法人税・所得税・消費税申告編』（い
ずれも大蔵財務協会）がある。

法人契約の生命保険で失敗しないためのポイント

令和6年2月9日　初版印刷
令和6年2月26日　初版発行

不　許
複　製

著　者　坂 野 上　満

（一財）大蔵財務協会　理事長
発行者　木 村 幸 俊

発行所　一般財団法人　大 蔵 財 務 協 会
〔郵便番号　130-8585〕
東京都墨田区東駒形1丁目14番1号
（販　　売　部）TEL03（3829）4141・FAX03（3829）4001
（出 版 編 集 部）TEL03（3829）4142・FAX03（3829）4005
https://www.zaikyo.or.jp

乱丁・落丁の場合はお取替えいたします。　　　　印刷　星野精版印刷
ISBN978-4-7547-3184-7